UN ALMA VALIENTE

Descubre la fuerza que hay en ti para vencer el *bullying* y otras adversidades.

Otros Libros de Nick Vujicic

Una vida sin límites

Un espíritu invencible

Un corazón sin fronteras

Del autor de *Un espíritu invencible*, éxito de ventas
de *The New York Times* y a nivel internacional

NICK VUJICIC

UN ALMA VALIENTE

Descubre la fuerza que hay en ti para
vencer el *bullying* y otras adversidades.

AGUILAR

AGUILAR

Título original: Stand Strong
Edición original: Waterbrook Press

2014, Santillana USA Publishing Company, Inc
2023 N.W. 84th Avenue
Doral, FL, 33122
Teléfono: (305) 591-9522
Fax: (305) 591-7473
www.prisaediciones.com

Primera edición: julio de 2014
ISBN: 978-1-62263-907-6
Impreso en el mes de Julio en los talleres de HCI Printing
Traducción: María Andrea Giovine
Diseño de cubierta: Kristopher K. Orr
Fotografía de cubierta: Mike Heath, Magnus Creative
Adaptación de interiores: Grafi(k)a LLC

Los detalles de algunas historias y anécdotas se modificaron para proteger la identidad de las personas involucradas.

PRISA EDICIONES

Este libro, que pretende ayudar a poner fin a la epidemia global del bullying, *está dedicado a mi hijo, Kiyoshi, con la esperanza de que tanto mi hijo como los tuyos crezcan en un mundo mejor y más amable.*

Índice

Uno

¿Por qué yo? ¿Por qué tú?

No estás solo.
El *bullying* es una
epidemia global.

Soy el sueño de cualquier *bully*, no cabe duda: *sin brazos, sin piernas y sin defensa.*

Nací sin extremidades por razones que nunca se determinaron, pero fui bendecido de muchas otras maneras. Mi mayor bendición fue tener una familia amorosa que siempre me dio su apoyo. Me protegieron y me alentaron en mis primeros años de vida. Sin embargo, cuando cambié el cobijo protector de la familia por los pasillos y patios de recreo de la escuela primaria, sentí como si tuviera un blanco en el pecho que decía: "*Bullies*, aquí estoy".

Sentía que estaba solo en mi temor a los agresores, pero no estaba solo. Y tú tampoco lo estás.

Si alguna vez has sido víctima del *bullying*, lo primero que necesitas entender es que los ataques, burlas y maldades en realidad no tienen que ver contigo, ni con los defectos que puedas tener, ni con algo que hayas hecho. Los agresores tienen sus propios problemas. Te molestan para sentirse mejor, para sacar su enojo, para sentirse más poderosos o incluso porque no pueden pensar en nada mejor que hacer.

Sé que es tonto, pero es cierto.

Cuando era adolescente, desperdicié mucho tiempo intentando averiguar por qué los *bullies* me molestaban. Había un chico en particular que realmente se me metió en la cabeza. Molestaba a todo el mundo, pero por alguna razón, lo tomé personal. Me obsesioné por cuáles podrían ser sus motivos. Al final, me di cuenta de que no me molestaba por mis problemas, sino por los suyos.

Tal vez tú tengas un agresor que ha tenido el mismo impacto en ti: que se te ha metido en la cabeza, que te ha ocasionado nudos de tensión en el estómago y que ha atormentado tus sueños porque no puedes descubrir por qué eres su blanco. Aquí estoy para tranquilizarte y aligerar esa carga.

Los motivos de tu agresor no importan. Tú importas.

Tu seguridad y tu felicidad me importan a mí y a todas las demás personas que te quieren y se preocupan por ti, así es que, en lugar de enfocarte en por qué un *bully* te está molestando, vamos a enfocarnos en ayudarte a que te vuelvas a sentir seguro y feliz.

¿Te parece un buen plan? ¡Yo creo que lo es!

Pero, antes de continuar, quiero que sepas que no hay una única estrategia infalible para lidiar frente a frente con los *bullies*. ¡Y por supuesto no recomiendo que recurras a la violencia si puedes evitarlo! Nunca dejes que un *bully* te incite a pelear. Si te ataca, defiéndete, pero aléjate lo más rápido que puedas. Si tienes alguna razón para pensar que un *bully* te va a lastimar físicamente, necesitas hablar con un adulto que pueda ayudarte antes de que eso suceda.

La Epidemia del *Bullying*

Es importante entender desde el principio que muchas personas comparten tu dolor con respecto a este problema. Tristemente, ser víctima del *bullying* es tan común como contraer un resfriado o golpearse un dedo del pie. Yo viajo por todo el mundo para hablar con los jóvenes sobre este problema. Vaya a donde vaya, el *bullying* es un tema muy preocupante. Los adolescentes de todas las escuelas, de todas las ciudades y de todos los países me dicen que sufren dolor mental, emocional, físico y espiritual porque son víctimas del *bullying*.

Un adolescente en China me dijo que había intentado suicidarse ocho veces porque lo agredían en la escuela. Una linda niña coreana en Bosie, Idaho, se me acercó llorando después de una plática que di sobre el *bullying*. Me dijo: "Todos los días me molestan por ser coreana, porque soy la única niña asiática en toda la escuela".

He escuchado historias similares de víctimas del *bullying* en Chile, Brasil, Australia, Rusia, Serbia y el resto del mundo. El *bullying* está en todas partes y asume muchas formas. La mayoría estamos familiarizados con niños *bullies* que amenazaban con golpearnos, se burlaban de nosotros o ponían en contra nuestra a nuestros amigos. Los adultos pueden experimentar el *bullying* en forma de acoso sexual o de discriminación a causa de su raza, religión, identidad sexual o discapacidades. Los agresores pueden ser tu jefe, compañeros de trabajo, maestros, entrenadores, novios o novias… cualquiera que abuse de su poder o de su posición.

Es triste decirlo, pero los padres también pueden hacer *bullying*. En Asia, los suicidios son un grave problema entre los jóvenes y parte del problema es que muchos adolescentes están muy presionados por obtener calificaciones altas para poder entrar a las mejores escuelas y conseguir los trabajos con los mejores salarios. Naturalmente, los padres quieren que a sus hijos les vaya bien, pero cuando una madre o un padre dan amor o apoyo sólo si su hijo es exitoso ante sus ojos, esto es una forma de *bullying*. Hubo un caso en el que los padres quemaban a su hija con cigarros porque sus calificaciones no cumplían con sus estándares. Claro, ése es un caso extremo, pero he encontrado historias similares en todo el mundo.

La experiencia de *bullying* más común es que se burlen de ti o te ridiculicen por ser "diferente" de alguna manera. Yo soy el vivo ejemplo de eso. Durante la mayor parte de mi vida, he sido un imán para el *bullying*. He escuchado todos los comentarios desagradables que te puedas imaginar sobre mi falta de extremidades, he sido víctima de bromas crueles e incluso amenazas físicas.

No obstante, si estás siendo víctima del *bullying*, duele.

No ayudó que mi familia se mudara un par de veces cuando estaba en la escuela. Fuimos de un extremo de Australia al otro, luego nos mudamos a Estados Unidos y después regresamos otra vez. En cada nueva escuela, no sólo era el único niño que no tenía brazos ni piernas; por lo general, era el único niño que estaba en silla de ruedas. Cuando nos mudamos a Estados Unidos, alcancé los tres primeros lugares como blanco del *bullying*: era el único niño de mi escuela que no tenía brazos ni piernas, era el único en silla de ruedas ¡y además era el único con acento australiano!

¿Diferente yo, amigo?

Claro, en un grupo era fácil distinguirme, y el hecho de que con frecuencia era el niño nuevo sin amigos me hacía un blanco aún más fácil. Pero muy pronto me di cuenta de que los *bullies* encontrarían una razón para molestar a cualquiera. A los niños listos les decían "nerds", a los altos los llamaban "jirafas" y a los chaparritos "enanos". Si existieran las personas perfectas, los *bullies* probablemente se burlarían de ellas por ser "demasiado perfectas".

No obstante, si estás siendo víctima del *bullying*, duele. Es una experiencia terrible que a menudo parece no tener fin. Como alguien que pasó por eso a lo largo de la adolescencia y que lo sigue enfrentando de vez en cuando, quiero darte esperanza y paz. Puedes elevarte sobre la situación y dejarla atrás.

Elévate

Dios te puso en este mundo porque te ama y tiene un plan para ti. Con su ayuda y con la guía que te ofrece este libro, serás capaz de poner en su lugar a los *bullies* para que sus burlas y maldades no te importen. Mi experiencia demuestra que cualquiera puede dejar atrás el *bullying* y tener una vida ridículamente buena. Sé que tú puedes hacer lo mismo.

Para ayudarte a comenzar, quiero sembrar una idea en tu mente. Se trata de un control mental evidente, por supuesto, así es que si quieres bloquearlo, adelante, envuélvete la cabeza con papel aluminio. (Se verá tonto, pero por mí está bien si a ti no te importa.) La idea que quiero que consideres es que, aunque ser víctima del *bullying* es una experiencia horrible, también puede ser una gran oportunidad.

Sé lo que estás pensando: *¡Seguramente un canguro pateó a Nick en la cabeza!* En realidad, fue un wallaby. Pero, fuera de eso, creo que puedes convertir a tu malvado *bully* en una fuente de bien para tu vida. En lugar de dejar que tu antagonista te vuelva loco, te deprima, ocupe cada uno de tus pensamientos, arruine tus noches y pisotee todos tus sueños, ¿por qué no cambiar las cosas?

Aunque ser víctima del *bullying* es una experiencia horrible, también puede ser una gran oportunidad.

Los *bullies* quieren abusar de ti. En lugar de permitirlo, puedes usarlos como tus motivadores personales. Llénate de poder y deja al *bully* mordiendo el polvo. En las páginas siguientes, te ayudaré a construir anticuerpos contra los *bullies*. Es un proceso que funciona al fortalecerte de adentro hacia afuera, desde tus pensamientos y sentimientos más profundos (tu corazón y tu alma) hasta tu forma de ver el mundo, tomar decisiones y actuar. Creas tu sistema de defensa contra el *bullying* desde adentro:

1. al descubrir quién eres de modo que ningún *bully* te diga lo contrario o te haga sentir mal,
2. al asumir la responsabilidad de tu propio comportamiento y felicidad de modo que los agresores no tengan poder sobre ti,
3. al establecer valores fuertes que ningún *bully* pueda sacudir,

4. al crear una zona de seguridad dentro de ti a donde puedas ir mentalmente en busca de fuerza y consuelo,
5. al construir relaciones fuertes y solidarias que te sirvan de respaldo contra el *bullying*,
6. al aprender a monitorear y controlar tus respuestas a las emociones que el *bullying* detona en ti,
7. al desarrollar cimientos espirituales que te ayuden a estar en paz y a ser fuerte frente al *bullying*,
8. al tomar la oportunidad de aprender de la experiencia del *bullying* de manera que seas más fuerte, más sabio, más seguro, tengas más fe y estés mejor preparado para enfrentar cualquier desafío,
9. al crear tu estrategia de defensa contra el *bullying* de manera que estés preparado para lidiar con agresores de todo tipo, y
10. al trabajar la empatía para darte cuenta de cuáles son las necesidades de los demás y ayudarles a superar el *bullying* cuando sea posible.

Una vez que todas esas cosas estén en su sitio, tendrás tu propio sistema de defensa contra el *bullying*. Entonces, junto conmigo, puedes trabajar para erradicar la epidemia del *bullying* para que nadie más tenga que sufrir. Juntos, con la ayuda de Dios, podemos terminar con esta epidemia.

Con demasiada frecuencia, quienes han sido víctimas del *bullying* se convierten a su vez en agresores. Es un círculo vicioso y una de mis metas al escribir este libro es romperlo ayudándote primero para que luego tú puedas ayudarme a mí y a todas las demás personas que se dedican a librar del *bullying* al mundo.

Podemos hacerlo. Podemos unirnos y lograr que éste sea un mundo libre de *bullying*. En 2012, visité una escuela en Hawai para hablar sobre el *bullying*. Más o menos un año después, el director me envió una carta diciendo que mi visita había cambiado la escuela. ¡Dijo que no habían tenido un solo caso de *bullying* durante todo un año después de que hablé con los estudiantes!

Al leer este libro, estás dando el primer paso para unirte a esta campaña. Por favor, cuando lo termines, dáselo a alguien más. Comparte lo que has aprendido en este libro con tus hermanos, amigos, padres, maestros y con cualquiera que creas que se pueda beneficiar.

Si eres adolescente y te sientes abrumado por el *bullying* en cualquiera de sus formas, este libro te ayudará a entender que el juego de los *bullies* está diseñado para que al hacerte sentir mal ellos se sientan superiores. Rehúsate a jugar ese juego. En cambio, créeles a los que te queremos cuando te decimos que nos importas a nosotros y a tu Creador. Eres un hijo de Dios, creado a su imagen y semejanza. Eres hermoso. Tú eres *tú*, una persona perfectamente única.

Eso no significa que seas perfecto, pero eso es lo hermoso. Todos somos perfectos e imperfectos al mismo tiempo. Dios nos diseñó de este modo porque hay belleza en ambas cosas y también sentido.

Después de leer este libro, serás capaz de hacer las siguientes afirmaciones con seguridad y claridad:

- Los agresores no me pueden lastimar o definir porque yo me he definido a mí mismo. Sé quién soy y a dónde voy.
- No le doy a nadie más el poder de hacerme sentir mal. Asumo la responsabilidad de mi propia felicidad.
- Mis valores son inquebrantables. Tengo un plan de vida guiado por ellos.
- Mi fuerza proviene del interior y ningún agresor me puede hacer sentir inseguro.
- Sé que mi familia y mis amigos siempre me van a respaldar, al igual que yo a ellos.
- Estoy consciente de mis emociones, en especial del enojo y del miedo, y controlo mi manera de responder a ellas: así es que me mantengo positivo en mis ideas y acciones.
- Mi vida espiritual es fuerte y me llena de poder. Sé que fui creado por una razón y que soy amado de manera incondicional. En lo que soy débil, mi Creador es fuerte.
- Encuentro algo positivo en cada circunstancia difícil, incluyendo ser víctima del *bullying*.
- Tiendo la mano para ayudar a los demás en cualquier oportunidad, en especial a quienes de alguna manera son víctimas del *bullying*.

Juntos construiremos tu sistema de defensa contra el *bullying*. Te sentirás más fuerte de lo que nunca antes te has sentido y estarás mejor preparado para enfrentar todos los desafíos que la vida te presente.

Te quiero.

Notas de Nick para el capítulo uno

- El *bullying* es una epidemia global. Así es que si lo estás padeciendo, no estás solo… y hay mucha ayuda disponible.
- Cuando un *bully* te molesta, no es por algún defecto que puedas tener; es por sus propios problemas. Así es que trata de no tomarlo personal.
- No hay una única estrategia infalible para lidiar con todos y cada uno de los *bullies*. Tu mejor alternativa es trabajar en fortalecerte desde adentro y en crear estrategias para cada escenario que pudieras enfrentar.
- Si un *bully* te ataca, defiéndete, pero aléjate lo más rápido que puedas. Si tienes alguna razón para pensar que un *bully* te va a lastimar físicamente, necesitas hablar con un adulto que te pueda ayudar antes de que eso suceda.

Dos

Conviértetete en la pesadilla de los *bullies*

Descubre quién eres
para que ningún *bully*
venga a decirte lo contrario.

El tipo estaba completamente ebrio. Mi esposa y yo estábamos de viaje y nos encontrábamos nadando en la piscina de un hotel. Él no dejaba de mirarme. Al principio, no podía escuchar lo que decía porque arrastraba las palabras, pero sabía que era algo malo.

A medida que se acercó, mis miedos se confirmaron. Señaló mi pequeño pie mientras yo estaba sentado en la orilla de la piscina. Dijo cosas crueles sobre mi pie y sobre mi cuerpo. Luego me acosó con preguntas ofensivas que buscaban avergonzarme y denigrarme.

Más que nada, hizo el ridículo. No necesitaba mi ayuda para ello, así es que me quedé callado y lo dejé explayarse. Después de unos minutos, se metió al hotel trastabillando. Recé por él. De verdad. ¡Recé para que entrara a toda velocidad y chocara con una puerta de vidrio! (Estoy bromeando. Tal vez.)

En lo que respecta a lidiar con *bullies*, intento ser como Jesús. Él es el ejemplo supremo de alguien acosado por sus creencias religiosas. No obstante, Jesús era tan *cool*, tan fiel a sí mismo que nunca usó su poder para devolverles las ofensas. Estoy seguro de que Jesús hubiera podido golpear con un rayo a sus torturadores, si hubiera querido. En cambio, trató a los agresores de la misma forma en que trató a todas las demás personas... con compasión, desde la base del amor y la redención.

No siempre fui tan fuerte. Mis experiencias con los *bullies* a menudo me dejaban sintiéndome intimidado y enojado; por no mencionar deprimido, ansioso, estresado y con ganas de vomitar.

Ahora que soy adulto, estoy mejor equipado para salir airoso del *bullying*, pero admito que la persona que me agredió en la piscina del hotel me molestó. Me hizo sentir incómodo e hizo que todas las demás personas que estaban alrededor de la alberca se sintieran incómodas con su diatriba de borracho.

¿Que si me hizo sentir avergonzado o inseguro o deprimido? ¡Para nada! ¿Ves? Ahora tengo la mejor defensa que alguien puede tener en lo que respecta a los *bullies* y la voy a compartir contigo en este libro. Nuestro primer paso para que construyas tu propio sistema de defensa contra el *bullying* es ayudarte a definir quién eres para que ningún agresor ni ninguna otra persona pueda decirte otra cosa.

Un Sentido del Yo

Es una lección que aprendí de la manera difícil. Cuando era niño, dejé que las burlas de los *bullies* se me enterraran como espinas. Solía fingir que estaba enfermo para no ir a la escuela y evitarlos.

Cuando iba a la escuela, me escondía entre los arbustos para que no pudieran encontrarme. Era muy vulnerable y los agresores se aprovechaban de eso. Había muchas preguntas que no podía responder, incluyendo una muy importante: *Si Dios ama a todos sus hijos, ¿por qué me creó con tantas imperfecciones?*

La mayoría de los niños de mi edad se preocupaban por el tamaño de su nariz o por el tiempo que tardaría en desaparecer un grano. Por la noche, yo me quedaba despierto, torturado por pensamientos sobre lo que me faltaba: *¿Acaso Dios no podía haberme dado por lo menos brazos, o por lo menos piernas, o por lo menos un brazo o una pierna? ¿Por qué me dejó sin una sola extremidad? ¿Eso de qué sirve? ¿De qué sirvo yo? ¿Cómo puedo funcionar en un mundo diseñado para personas con extremidades?*

Mis inquietantes dudas sobre mi valía y mi futuro sólo empeoraron a causa de los agresores que me decían cosas crueles, hacían bromas sobre mí o me evitaban como si yo no fuera una persona de verdad. Todo esto pesaba tanto en mi mente que tuve pensamientos suicidas. Unas cuantas veces sentí la necesidad de arrojarme de una repisa o de una cornisa.

Finalmente, más o menos a los diez años, intenté ahogarme en la bañera. Metí la cabeza bajo el agua y contuve la respiración durante mucho tiempo, pero no pude hacerlo. Imaginé a mis padres, a mi hermano y a mi hermana llorando en mi funeral. No pude soportar la idea de que ellos sufrieran o se sintieran lastimados o culpables. No era su culpa, ¿cómo podía causarles un dolor así?

Ese día, decidí que el suicidio no era una opción. Los sentimientos autodestructivos seguían llegando, pero con el tiempo disminuyeron. Aun así, sé de primera mano que los *bullies* te pueden llevar a la desesperación. Entiendo esos sentimientos.

Si te has sentido deprimido y has pensado en lastimarte o suicidarte, por favor, no dejes que los *bullies* te arrebaten tu alegría y tu voluntad de vivir. ¿Por qué darle a alguien ese poder? No dejes que te alejen de la maravillosa vida que Dios tiene reservada para ti.

Te Espera una Mejor Vida

Si hubiera dejado que el *bullying* me llevara al suicidio, me habría perdido una vida que ha estado llena de alegría y de amor en cantidades que nunca hubiera podido imaginar.

Me habría perdido el haberme casado con el amor de mi vida, ¡sin mencionar el nacimiento de nuestro hijo! Nunca habría tenido la oportunidad de conocer y animar a personas de todo el mundo.

Ni tú ni yo sabemos qué cosas maravillosas son posibles para nuestra vida. Sólo nuestro Creador sabe lo que nos tiene reservado. Quizá en este momento tu ánimo esté por los suelos. Tal vez un agresor te está haciendo la vida miserable. Es un sentimiento horrible, lo sé. Pero puedo ayudarte. Puedes superarlo. Te esperan días mejores y no querrás perdértelos, ¿o sí?

Todos enfrentamos retos. Los tuyos pueden ser mucho más duros que los míos. Nací sin brazos ni piernas, pero fui bendecido de muchas otras formas. Creo que todos tenemos el poder de sobreponernos a las situaciones difíciles mediante la determinación y la ayuda de Dios. Recuerda, puede que sientas que no tienes la fuerza para manejar una situación difícil, pero Él sí la tiene.

No tengo extremidades, pero me he aferrado y he salido airoso de grandes tormentas. He lidiado con *bullies* toda mi vida. De hecho, sigo lidiando con ellos… y soy un hombre casado con un hijo. He aprendido a lidiar con los agresores, principalmente controlando cómo respondo ante ellos y creando cimientos sólidos desde los cuales repeler sus ataques.

Puedes aprender a hacer lo mismo. Al compartir mis experiencias, me gustaría darte una *mano* con eso (¡un poco de humor también ayuda!). Cuando era adolescente, durante un tiempo, pensé que nunca podría ir a la universidad, ganarme la vida ni hacer una contribución a este mundo. Pensé que ninguna mujer me querría como esposo y nunca pensé que podría ser padre y sostener a mi hijo junto a mi pecho.

¡Estaba muy, muy equivocado! Los *bullies* que me decían cosas desagradables estaban equivocados y yo también. Mi vida –la misma vida que se veía tan negra durante un tiempo debido al *bullying* y a las inseguridades– ¡ha sido absoluta y rotundamente maravillosa!

Nunca hubiera imaginado lo que Dios le tenía reservado a un chico que nació sin brazos ni piernas. No te imaginas tampoco cuál es el plan que tu Creador tiene para ti. Te sugiero que ambos nos quedemos a ver lo bueno que la vida nos tiene reservado.

Convertir algo Negativo en Positivo

Tal vez un *bully* te ha molestado por ser bajito, alto, delgado o diferente de alguna manera. He aprendido que las cosas que nos hacen sentir diferentes pueden ser nuestras mayores ventajas. Sé que es doloroso que te critiquen y se burlen de ti. No obstante, haber experimentado ese dolor también te puede convertir en una persona más compasiva, empática, comprensiva y agradecida.

Probablemente hayas escuchado el dicho, o incluso la canción de Kelly Clarkson, que dice: "Lo que no te mata, te hace más fuerte". En mis días malos, pensaba: *Claro, ¡pero no deja de dolerme en este momento!* Eso también es cierto. Pero puedes usar las bromas de los *bullies* como motivación para volverte más sabio, más fuerte, más listo y más seguro que nunca antes.

"Lo que no te mata, te hace más fuerte"

Si alguien te lastimó, entonces conviértete en el tipo de persona que tiende la mano a los que están sufriendo. Si no te trataron con compasión, entonces cambia ese patrón y ofrece compasión a los demás. Si nadie te defendió, entonces defiende a alguien más. Mi mensaje es simple: si un hombre sin brazos ni piernas puede superar situaciones difíciles como el *bullying*, cualquiera puede. Le di a mi ser imperfecto con todas mis piezas rotas una oportunidad ¡y mira lo que sucedió!

Verás, lo que sucede en nuestra vida no es cuestión de suerte. Es cuestión de decisiones. Puede que ni tú ni yo podamos impedir que los agresores y las personas desconsideradas digan y hagan cosas crueles, pero tenemos el poder más importante: el poder de elegir cómo respondemos y cómo vivimos.

Eres más Fuerte de lo que Crees

Los *bullies* buscan personas a quienes puedan dominar con palabras, con los puños, o aislándolas y manipulándolas en persona o en línea. Buscan debilidades, puntos sensibles o inseguridades que puedan explotar. Probablemente tienes todas las anteriores, ¿verdad? ¿Quién no?

Todo el mundo tiene algo que lo hace sentir inseguro o sensible. Eso no nos hace débiles. Nos hace humanos, pero también un poco vulnerables, lo cual, insisto, no es nada fuera de lo normal. Ser vulnerable nos puede volver más compasivos y considerados en nuestro trato con los demás. Puedes ser vulnerable sin dejar de ser fuerte.

Los agresores también acosan a personas que pueden aislar, como el niño nuevo de la escuela o del vecindario, o un adolescente en casa conectado a Internet. Hablaré más sobre esto más adelante en el libro, pero ten en mente que aislarte de otras personas por períodos largos no es bueno. Yo he pasado por eso.

Cuando no tienes alguien con quien hablar, los pensamientos negativos se cuelan en tus pensamientos. Incluso las cosas pequeñas que normalmente no te molestarían te pueden afectar. A los *bullies* les encanta eso. Son como huracanes: descienden y acaban con todo aquello que no sea sólido, esté bien cimentado y atado a un soporte fuerte. Pero nosotros te vamos a convertir en una persona a prueba de *bullies* creando cimientos sólidos que nunca se agrieten.

No se trata de ser presumido. Se trata de tener tal seguridad y fortaleza que ningún *bully* pueda ser capaz de hacerte sentir débil, inútil o que no vales nada. Sabrás exactamente quién eres y qué valor le ofreces al mundo.

Esto no significa que los *bullies* no te molestarán. A algunos les gustan los retos. Pero tratar de agredirte será como golpearse la cabeza contra una pared. Tu confianza en ti mismo los volverá locos y, eventualmente, irán a buscar a un blanco más débil; o, aún mejor, ¡decidirán que el *bullying* no rinde frutos y lo abandonarán!

Fingir para Lograrlo

Lo que estamos viendo aquí no es algo nuevo para los adolescentes. Creo que la mayor parte de los psicólogos y psiquiatras están de acuerdo en que, durante la adolescencia, la mayoría de nosotros empezamos a forjar nuestras identidades, a descubrir quiénes somos, en dónde encajamos y en torno a qué podemos construir nuestras vidas. Cuando estaba entrando en la adolescencia, deseaba profundamente encajar con los demás chicos. No quería que nadie me percibiera como débil ni inseguro, así es que adivina qué hice. Fingí ser alguien más. *¡Mala estrategia, Nick!*

Intenté encajar actuando como un tipo duro y diciendo groserías como los chicos a los que quería impresionar. Era un comportamiento muy extraño para mí. Ni siquiera recuerdo haber escuchado una mala palabra antes de secundaria. En mi casa no se decían groserías.

Mis padres nos educaron para amar a Dios y honrarlo en todo momento. Nuestra vida estaba construida alrededor de nuestra fe. A mi hermano, mi hermana y a mí nos protegieron del mundo de muchas maneras; ni siquiera nos dejaban escuchar estaciones de radio, a menos que fueran cristianas.

Dios debió haberse sentido muy decepcionado cuando me escuchó decir groserías, pero estoy seguro de que entendió que estaba un poco perdido. Mis primeras semanas en la escuela secundaria me abrieron los ojos. ¡Todo el mundo decía malas palabras! Por lo menos, así parecía. Escuchaba tantas groserías por todos lados que comencé a preguntarme si yo estaba equivocado y tal vez las palabras que yo consideraba malas palabras en realidad no lo eran. Era como si hubiera descubierto un lenguaje totalmente nuevo.

En serio, me convencí de que decir groserías era la forma normal de hablar de los adolescentes. Estaba desesperado por parecer normal, *cool* y como un tipo duro, así es que abandoné al verdadero Nick y me convertí en Nick, El Malhablado.

Comencé a decir groserías porque tenía miedo de no encajar. No tiene nada de malo querer encajar y ser aceptado, pero lo que sí es malo es abandonar tus valores y creencias para conseguirlo.

Siéntete tan cómodo contigo mismo que las demás personas se sientan cómodas contigo también.

Me estaba rechazando a mí mismo con la esperanza de que nadie más me rechazara. Qué locura, ¿verdad? Todos hacemos ajustes para llevarnos bien con otras personas. Hasta cierto punto, todos tenemos que adaptarnos a lo que las personas que nos rodean quieren y necesitan. Todo eso es parte de vivir en un mundo más grande: formando parte de una familia, una comunidad, un país y el mundo.

Pero nunca deberías hacer cosas que sientes que están mal porque quieres encajar. No necesitas fingir que eres alguien más para eso: tú ya tienes un lugar en esta tierra.

Mejor prueba esto: Siéntete tan cómodo contigo mismo que las demás personas se sientan cómodas contigo también. Crea una vida que te haga tan feliz que quieran compartir tu felicidad.

Usar una Máscara

Por un tiempo, jugué un juego tonto e intenté actuar como los "chicos *cool*". No tengo idea de por qué decir groserías se consideraba algo *cool*, pero me acostumbré rápidamente. Era como si tuviéramos nuestro propio lenguaje, y eso tal vez nos hacía sentir independientes y adultos.

También me sentía culpable, porque cada vez que decía una grosería, estaba desafiando los estándares que habían puesto mis padres. No tenía ninguna razón para desafiar a mis padres. Me querían y sólo deseaban lo mejor para mí. Eso lo supe siempre.

Tal vez, inconscientemente, estaba declarando mi independencia de ellos. Esas pequeñas rebeliones también forman parte de crecer, aunque probablemente no sean la parte que más disfrutan la mayoría de los padres.

De niños nos dicen qué hacer y cuándo hacerlo, así es que los años de adolescencia parecen ser el momento en el que declaramos nuestra independencia, un poco, o un mucho. De hecho, y hasta cierto punto, se espera que los adolescentes lo hagan. El problema es que todavía no somos independientes. Seguimos viviendo con nuestros padres. Seguimos dependiendo de ellos para que paguen nuestra comida, ropa y vivienda, por lo que sienten que deberíamos vivir conforme a sus reglas.

Es una batalla antigua, pero puede ser más parecida a una lucha suave que a una guerra nuclear si mantienes las cosas en perspectiva e intentas entender al otro en vez de simplemente reaccionar visceralmente. Tuve la suerte de tener padres que siempre quisieron lo mejor para mí, incluso cuando no estábamos de acuerdo. Mis padres también eran muy sobreprotectores. No podía culparlos por eso, pero yo me sentía mucho más cómodo corriendo riesgos.

Cuando empecé a decir groserías para parecerme más a mis amigos, me sentí incómodo. Sabía que ése no era yo. La mitad del tiempo me la pasaba preguntándome: *¿Por qué estás hablando así? ¿Cuál es tu problema?* Entonces, la otra mitad –el lado del Nick malo– decía: *Sólo estoy siendo* cool *como todos los demás. Es sólo teatro. Estoy actuando un papel para encajar.*

Me estaba dando una retroalimentación positiva por acciones negativas. Estaba creando una cara falsa, una máscara. Ignoraba a la voz del Nick bueno que me decía que no estaba siendo auténtico. La ignoraba porque lo único que quería era que el día transcurriera sin ser víctima del *bullying* o sin sentirme como un chico "discapacitado" o como cualquier otra cosa que no fuera simplemente un chico normal.

Humo y Espejos

Cuanto más tiempo finjas ser alguien que no eres, más difícil será regresar a tu verdadero yo. Cuando dejé de ser fiel a mí mismo, creé todo tipo de problemas en mis relaciones, mi desempeño en la escuela y mi autoestima.

Cuanto más tiempo finjas ser alguien que no eres, más difícil será regresar a tu verdadero yo.

Al final, tuve que enfrentar algunas preguntas difíciles. Por ejemplo, *¿Cómo puedo ser honesto conmigo mismo cuando les miento a todos los demás?* Después de un tiempo, ya no quería seguir fingiendo. Volví los ojos hacia mi interior y me pregunté: *¿Qué tan lejos estoy dispuesto a llegar? ¿Por cuánto tiempo puedo seguir con esto? ¿Qué pensarían mis padres de que esté actuando así? ¿Realmente a quién quiero agradar… a los que me quieren o a los que nada más quieren controlarme para sus propios fines?*

Al decir groserías, creé una imagen falsa. En mi corazón, todavía sentía que era un buen niño cristiano, pero mis acciones no eran congruentes con ser un buen niño cristiano… y las personas no me juzgaban por lo que había en mi interior, sino por mi forma de actuar.

Nunca se es Demasiado *Cool* para Cristo

Por un tiempo, mis acciones no fueron congruentes con mi fe… ni con mis creencias. Decir groserías no fue el único fraude que cometí. Durante un tiempo, les di la espalda a mis correligionarios. Los niños cristianos comprometidos de la escuela tenían un grupo de oración que se reunía los viernes a la hora del almuerzo. Participaban pocos niños y tenían que soportar que los molestaran al respecto. Algunos los llamaban "santurrones" o "fanáticos de Jesús".

Yo pensaba que eran muy agradables, verdaderas personas de fe, pero no me uní a su grupo de oración. Cuando alguien me preguntaba por qué no iba con ellos, decía que prefería estar con mis amigos que no eran cristianos. Me sentía incómodo diciendo eso y me molestó por mucho tiempo. Había una razón para esa sensación de incomodidad. Una vez más, no estaba siendo fiel a mis valores, ni a mis creencias ni a mi verdadero yo. Parte de eso se debía a que estaba tratando de encajar y a que todavía no me sentía cómodo actuando como cristiano. No quería que me llamaran "santurrón" ni "fanático de Jesús". Tenía miedo de que me encasillara y de que los chicos que no eran cristianos ya no quisieran ser mis amigos.

Puedes simular ser alguien más por un rato, pero a la larga es imposible. Tarde o temprano, vivir una mentira te pasará la factura. Tendrás que pagar el precio. En mi caso, una de esas horas de la verdad llegó cuando, por accidente, llevé a casa al Nick, El Malhablado.

Dejé que se me escapara una grosería y mi mamá la escuchó.

–¿Qué fue lo que dijiste, Nick?

–Ay, perdón. Perdón. ¡No sé de dónde salió eso!

Decir groserías era algo tan poco usual en mí que creo que mi mamá no estaba segura de qué hacer al respecto. Estaba asombrada. Creo que me hizo prometer que no lo volvería a hacer y después de unos cuantos regaños más, lo dejó pasar. Sin embargo, ese lapsus me hizo darme cuenta una vez más de que no estaba viviendo mi fe.

Lapsus

Me consideraba un buen cristiano que le había entregado su vida a Cristo, pero la parte de mi cerebro que regulaba el habla parecía no haber recibido el mensaje.

Por más que intentaba eliminar las groserías de mi vocabulario, se me seguían escapando. Logré controlarme en casa la mayor parte del tiempo, pero cuando estaba en la escuela, rodeado de adolescentes que dejaban caer una grosería tras otra, me costaba mucho trabajo mantener limpias mis conversaciones. Lentamente, logré resolverlo. Mis amigos Scott y Reese notaron el cambio en mi vocabulario y me preguntaron al respecto:

–Ya no quiero decir groserías –dije.

–¿Por qué no? ¿Qué tiene de malo?

–Me educaron para vivir como cristiano. Decir groserías no forma parte de una vida piadosa –expliqué–. A Dios no le gustan las groserías.

Scott y Reese eran buenos amigos. Tal vez no entendieron ni estuvieron de acuerdo, pero de inmediato intentaron encontrar formas de ayudarme a dejar de decir groserías.

–Tengo una idea –dijo Scott–. En vez de decir la palabra que empieza con "p…", ¡puedes decir "pastel"!

Al principio, parecía una idea descabellada, pero las investigaciones han demostrado que gritar palabras que terminan en consonante detona químicos en el cerebro que proporcionan una liberación emocional y física. Así que, por tonto que parecía, intenté usar la palabra "pastel" como sustituto de la grosería.

No me funcionó. Sólo me hacía pensar en los postres de los cumpleaños. Cuando la decía, algo se perdía. Entonces, Scott sugirió que probara con la palabra "pincel", pero yo decidí soportar el síndrome de abstinencia y no decir groserías.

Sin embargo, dejar de decir groserías resultó más difícil de lo que imaginé. Se había convertido en un hábito. Seguía teniendo deslices y dejando que se me escaparan palabras profanas, pero, poco a poco aprendí a cerrar mi sucia boca. Alrededor de los dieciséis años, logré sumar once meses y tres semanas sin decir groserías. Sí, contaba los días. Estaba desesperado por romper el molde del Nick desagradable, pero un día tuve una recaída especialmente grave cuando algo me sacó de mis casillas.

Juré en nombre de Dios en vano, lo cual sorprendió a todos los que pudieron escucharme, incluyéndome a mí. No puedo recordar qué fue lo que me hizo tener ese desliz después de haberme aguantado por tanto tiempo, pero me sentí terrible, realmente terrible. Así es que le pedí a Dios su ayuda. Me puse en sus manos y recé para que terminara mi hábito de decir groserías.

Si alguna vez te preguntas si Dios es un Dios que perdona, lee lo que dice Juan 1 1:9 ("Si confesamos nuestros pecados, él es fiel y justo para perdonar nuestros pecados y limpiarnos de toda maldad") y recuerda esto: después de que confesé y pedí su misericordia, Dios limpió mi vocabulario. Yo estaba muy agradecido e hice todo lo posible por alejarme de quienes decían groserías.

Decidí que los "chicos *cool*" no eran tan *cool* para mí y regresé a mi círculo de amigos cristianos. Me perdonaron mis atropellos y me dieron de nuevo la bienvenida al grupo. En su compañía ya no me sentía como un impostor. Me sentía natural y, de ahí en adelante, no me ofendía si alguien me llamaba "santurrón".

Una vez más, como dice la canción de los Doobie Brothers, Jesús quedó bien conmigo. (¡Sólo espero que yo haya quedado bien con Él!)

Algo extraño y maravilloso sucedió cuando entré en un lugar en donde me sentía cómodo y aceptado. ¡De repente, parecía que *todo el mundo* quería ser mi amigo! Incluso, la mayoría de los *bullies* se alejaron. Cuando por fin dejé de tratar de esconder quien era en realidad y simplemente asumí que era un chico cristiano, la gente en general me aceptó mejor, se portó más amable conmigo e incluso estuvo más dispuesta a conocerme. Estoy agradecido por los amigos buenos y verdaderos que me dieron su cariño y siempre estuvieron ahí para apoyarme. Podía ser yo mismo estando con ellos y, como me veían madurar, nos hicimos más cercanos, lo cual me ayudó a lidiar con los *bullies*.

Ser Quien Eres en Realidad

Entonces me di cuenta de que una de las mayores bendiciones en la vida es ser honesto *sobre* ti y *contigo*. Cuando encontré un grupo de chicos que me querían tal y como era (amante de la Biblia, sin brazos ni piernas), mi seguridad aumentó y eso pareció funcionar como un imán para atraer a los demás.

Fue un error pensar que tenía que transformarme para ser *cool.* Los adolescentes son duros consigo mismos y también pueden ser duros con los demás. De adolescentes, tendemos a ponerle etiquetas a la gente en vez de simplemente dejar que nos muestren quiénes son. Todos tenemos muchos intereses, características y estados de ánimo. No deberías ponerle una etiqueta a nadie y menos aún a ti mismo.

Una vez que decidí que agradar a Dios era más importante que ser el chico popular, me sentí en paz. También fui menos prejuicioso y acepté mejor a los demás después de que me di cuenta de que no tenía que fingir para estar bien. Sentirte seguro y cómodo con tu identidad, confiar en lo que vales y tener un fuerte sentido de propósito son cuestiones importantes en todos los aspectos de la vida. Esas cualidades también te ayudan a ser menos vulnerable al *bullying.*

¿Cómo construyes una identidad fuerte y segura, autoestima y un sentido de propósito? Casi todos los adolescentes llegan a un punto en el que tienen alguna especie de crisis de identidad y se preguntan cuál es su papel en la vida, en dónde encajan y qué es lo que pueden aportar. Si lo has experimentado, no te preocupes. Es una de esas experiencias humanas universales. Si no te has sentido así todavía, tarde o temprano lo harás. Todos somos diferentes y todos tenemos nuestros tiempos.

Las Respuestas están Dentro de Ti

Puede que te estés haciendo las preguntas que todos nos hacemos cuando intentamos definir cuál es nuestro lugar en el mundo. Eso es muy bueno: demuestra que estás creciendo y que te estás preparando para las siguientes etapas de la vida. Pero, ¿dónde se pueden encontrar las respuestas?

Permíteme asegurarte que cada respuesta que necesitas se encuentra en algún lugar dentro de ti. No entres en pánico si no puedes encontrar todas y cada una de ellas de inmediato. Algunas están hechas para desarrollarse y surgir con el tiempo. Lo principal en este momento es saber que no tienes que depender de alguien más para que te diga quién eres o cuánto vales. Dios te puso aquí por una razón. Te dio un paquete de características único que incluye tu apariencia física, tus talentos, tu inteligencia y otros componentes que te hacen hermoso y especial.

> **Permíteme asegurarte que cada respuesta que necesitas se encuentra en algún lugar dentro de ti.**

Obviamente todos tenemos fortalezas y debilidades. A algunos incluso nos hacen falta unos cuantos pedacitos y partes aquí y allá. Mi consejo es desarrollar tus fortalezas. De ese modo, cuando un agresor se meta con tus debilidades, ¡no importará!

Si crees en lo que vales, ningún *bully* te lo podrá arrebatar. Si en el fondo de tu corazón sabes que Dios te ama y que fuiste creado para sus propósitos, ningún *bully* podrá decirte algo diferente.

Todos tenemos momentos en los que nos sentimos deprimidos. Todos metemos la pata. Todos nos caemos de bruces de vez en cuando. Las inseguridades pueden acosarte. Cuando era adolescente, a veces me salían unos horribles barros rojos en la nariz. Ahí estaba yo, sin brazos ni piernas, ¡pero con barros! Algunos de los granos de mi nariz eran tan grandes que parecían obstruir mi visión. En momentos como ése, me miraba al espejo y me costaba trabajo no desplomarme. Algo que me ayudaba era obligarme a mencionar uno de mis rasgos físicos buenos y luego concentrarme en él.

"Tengo bonitos ojos", decía. "La gente siempre me dice que tengo bonitos ojos, así es que me voy a enfocar en eso".

¿Por qué no podemos hacer eso por nosotros? Si dejamos que los *bullies* nos depriman con su crueldad y su maldad, ¿por qué no podemos volver a levantarnos siendo amigos de nosotros mismos y aumentando nuestra seguridad y nuestro ánimo cuando necesitamos un empujón? (Mi gran temor era que al día siguiente alguien me dijera que tenía bolsas debajo de los ojos... ¡arruinando lo único bueno que según yo tenía!)

Los adolescentes a menudo son muy críticos consigo mismos. En esos años, siempre nos estamos comparando con nuestros compañeros de la escuela o nuestros amigos y nos preguntamos por qué no podemos ser altos como él o bonitas como ella o más populares o más atléticos o más listos. Si podemos ser críticos con nosotros mismos, ¿por qué no podemos también motivarnos?

Cuando estaba en secundaria, había veces en las que parecía que aguantaba un golpe, un desprecio, un comentario cruel tras otro. Iba cabizbajo por ahí, sintiendo lástima por el pobre de Nick, y, de pronto, uno de mis compañeros del salón pasaba y me decía: "Nick, ¡te ves muy bien hoy!" o "¡Nick, el discurso que diste en clase fue maravilloso!".

¡Una sola palabra amable o un poco de aliento cambiaban por completo mi actitud! Durante semanas, me aferraba a esas palabras positivas y las usaba para mantenerme alejado de la depresión. Es un poco loco que permitamos que un comentario cruel o malintencionado nos ocasione desesperación o depresión. ¿Por qué mejor no nos enfocamos en lo bueno, en las palabras amables y en los dones que hemos recibido?

Así es que ésta es mi sugerencia para dar el primer paso en la creación de tu sistema propio operativo contra *bullies* versión 1.0, simple, fácil de aplicar y sin complicación alguna: Sé tu propio amigo. Perdona tus errores, tus defectos y tus fracasos. Sé amable contigo. Concéntrate en lo bueno.

**Sé tu propio amigo.
Perdona tus errores,
tus defectos y tus fracasos.**

¿Qué puedes perder? Hay mucho que ganar con esta actitud de aceptación y amor hacia ti mismo. Serás más valiente, más resistente, más difícil de lastimar, más feliz, más positivo y más agradable. Para comenzar este proceso, en una hoja de papel, escribe algunas de tus fortalezas y éxitos. Haz una lista de las cosas que haces bien o de las razones por las que las personas te han hecho algún cumplido. Incluye cosas que has logrado, problemas que has resuelto por ti mismo, trabajos de reparación que has hecho, buenas decisiones que has tomado, cosas *cool* que has creado, metas que has cumplido, riesgos que han resultado bien y personas o incluso animales a los que has ayudado.

Sé el Milagro

Una de mis filosofías principales es que, si no puedes obtener un milagro para ti, seas un milagro para alguien más. De adolescente, cuando me sentía por los suelos, realmente me ayudaba a levantar el ánimo si me alejaba un rato de mis problemas y me ofrecía a ayudar a los demás con los suyos. Me he beneficiado mucho al tratar de ser un beneficio para los demás. Me ha hecho muy fuerte… lo suficientemente fuerte como para manejar cualquier cosa negativa o dolorosa que se presente en mi camino.

Michael, un adolescente de California, escribió a mi sitio de Internet Life Without Limbs para compartir su propia historia sobre las bendiciones que surgen cuando eres una bendición para los demás. Aquí está lo que escribió:

> Fui prematuro y nací con un pies [*sic*] chueco y un pulmón enfermo, así es que no podía respirar bien, me lo operaron y también me operaron el ojo derecho 10 veces, pero gracias a Dios sigo aquí… Intento ser lo mejor que puedo. Voy a ir a la Los Medanos College; quiero ser asistente de educación especial para ayudar a niños con necesidades especiales. Eso es lo que realmente me encantaría hacer. De niño, la gente se burlaba mucho de mí. Solía hacer todo tipo de cosas malas e intentaba obtener mi seguridad de la gente para huir de mis problemas. He aprendido a perdonar a las personas y a no dejar que me depriman y también a controlar las cosas que antes me esclavizaban. Estudié la Biblia con mis amigos de la iglesia y aprendí mucho sobre Dios, sobre mí y sobre la vida. El 4 de abril de 2010, durante la Pascua, sentí la inspiración de que me bautizaran y de vivir una vida nueva para Dios.

Si estás teniendo dificultades para lidiar con un *bully* o con alguien que te hace sentir mal –o si tienes dificultades para entender y apreciar lo que vales– intenta ofrecerte como voluntario para ayudar en alguna obra de caridad, un lugar para discapacitados, un hospital de veteranos o un refugio para personas sin hogar. Pregunta a los adultos que conoces, como un maestro, el director de la escuela o el ministro de tu iglesia, si conocen algún lugar donde podrías hacer una diferencia. Te prometo que estarás agradecido por la experiencia. Es probable que al final te sientas mejor contigo mismo y eso también te fortalecerá emocionalmente.

Si sientes que no has hecho suficiente con tu vida hasta el momento, establece algunas metas razonables y ve tras ellas paso a paso hasta que las logres cumplir. Luego, celebra ese logro. Recompénsate. Siéntete bien respecto a lo que has hecho, pon el parámetro un poco más alto y ve tras otra meta.

Una vez que hayas incrementado tu seguridad y tu experiencia, no temas fijar parámetros cada vez más altos. Yo lo he hecho la mayor parte de mi vida. A veces, me he caído de boca, literalmente. Tú tampoco tendrás éxito siempre, pero, mientras sigas estirándote para llegar más alto, crearás oportunidades de tener éxito. La meta inmediata es hacerte a prueba de *bullies*, pero tu habilidad para lidiar con los obstáculos y las dificultades de cualquier tipo mejorará a medida que aumente tu confianza y tu amor por ti.

Notas de Nick para el capítulo dos

- Cuando sepas quién eres y te sientas seguro respecto de ti mismo, ningún *bully* podrá hacerte sentir inseguro ni robarte tu alegría.
- Fuiste creado por una razón y eso significa que vales y que tienes un futuro de potencial ilimitado que no querrás perderte.
- Te vuelves más fuerte y más a prueba de *bullies* cuando te aceptas y te amas a ti mismo y sigues trabajando día con día para ser la mejor persona posible.

Tres

Aduéñate de la situación

Al hacerte responsable de tu vida, ningún *bully* podrá tener poder sobre ti.

En mis años de adolescencia, dejé que los *bullies* me afectaran mucho. Dejé que me lastimaran y que me hicieran sentir que no valía nada. Sentía lástima por mí mismo. Mi tío John se dio cuenta de eso y en ese instante puso fin a mi actitud de víctima.

"Nick, nadie puede cambiar quién eres", dijo. "Puedes arrancarle la lengua a alguien, sacarle los ojos y ponerle un tapón en los oídos para que no pueda probar, ver u oír, pero eso no cambia a la persona que hay adentro. Nadie puede tocar tu espíritu ni tu alma".

Gracias, tío John. ¡Lo necesitaba!

Mi tío me estaba diciendo que debía hacerme responsable de mi propia felicidad y autoestima. No podía evitar que los *bullies* me molestaran. La mayor parte del tiempo, tú tampoco puedes. Sin embargo, puedes controlar si dejas que te afecten levantándote y decidiendo que nadie puede hacerte sentir mal si tú no lo permites.

Te animo a que tengas en mente esta frase cuando te enfrentes al *bullying: Me puedes decir cosas horribles, pero no puedes tocar quien soy en el interior. No puedes hacerme sentir mal respecto a mí. Sé quién soy y me defiendo a mí mismo.*

Felicidad "Hazlo tú Mismo"

Deberías considerar tu vida como un proyecto "hazlo tú mismo" en lo que respecta a crear tu propia felicidad y autoestima. Asume la responsabilidad de ser la mejor persona que puedes ser. Aprovecha al máximo tus talentos. Aumenta tus fortalezas y trabaja en tus debilidades. Sé humilde, pero ámate a ti mismo y siempre haz lo mejor que puedas por desarrollar tus talentos y perseguir tus objetivos. Cuando generes ese tipo de energía positiva, atraerás gente que te apoye y harás que los *bullies* no tengan ganas de meterse contigo.

El amor y la confianza en ti mismo vienen cuando aceptas la responsabilidad de tu propia felicidad y éxito. Aprendí esto de niño, pero tuve que recordármelo cada vez que se presentaban dificultades en mi camino. Puede que tú necesites hacer lo mismo. Considérate tu propio entrenador en ese sentido: recuérdate victorias pasadas y úsalas para incrementar tu fuerza al enfrentarte a los *bullies* y demás situaciones difíciles. Agradece la habilidad de controlar tus respuestas ante cualquier cosa que la vida te presente. Es como un superpoder que te permite convertir hasta las cosas malas en experiencias de aprendizaje que te puedan beneficiar más adelante en la vida.

Una cosa que no me faltaba de niño era la determinación, y mis padres y hermanos pronto decidieron que la mejor opción en muchos casos era "dejar que Nick lo haga él solo". No me consintieron, lo cual aprecio mucho... por lo menos ahora. De niño, hubo veces en que me hubiera encantado ser un niño mimado y que me trataran como príncipe, pero mi familia se aseguró de que no fuera así. No me dieron ningún trato especial por no tener brazos ni piernas.

Aun hoy, mis padres siempre me apoyan y me animan, pero nunca me permiten regodearme en la autocompasión ni esconderme de mis responsabilidades. De niño, hacía labores domésticas igual que mis hermanos. Tenía que hacer mi cama, limpiar mi cuarto ¡y pasar la aspiradora! Si me quejaba de que era más difícil para alguien sin brazos ni piernas (y créanme que lo era), mis padres me decían que encontrara la manera de hacerlo. No es que fuera amor "severo", pero querían que fuera capaz de manejar cualquier cosa que el mundo me deparara.

Mi familia, incluyendo a todos mis primos, me trataba como un niño normal. Me molestaban y hacían bromas a mi costa, pero siempre con amor y cariño. No siempre entendía por qué mis padres esperaban que hiciera todo por mí mismo, pero ahora lo entiendo y estoy agradecido de que haya sido así. Tenían un hijo sin piernas, pero querían que me levantara por mí mismo.

A medida que fui creciendo, quería hacerlo con todas mis fuerzas. Odiaba la idea de depender de los demás y me enorgullecía descubrir cómo hacer las cosas por mí mismo. Mis padres lo fomentaban y me ayudaban a idear formas de prender la luz, lavarme los dientes, peinarme y hacer otras tareas sin tener extremidades.

Esas pequeñas victorias sobre mis discapacidades me dieron la fuerza necesaria para asumir desafíos mayores más adelante; pero tuve que aprender a recurrir a ellas para incrementar mi seguridad. Hay muchas cosas que no puedes controlar cuando eres chico. La mayoría de los adolescentes dependen de sus padres para tener comida, ropa, un sitio donde vivir, transporte y dinero para gastar. No eres independiente económicamente. No te puedes mudar a un *penthouse* ni a un departamento frente a la playa. No obstante, aun cuando de adulto te vuelvas económicamente independiente, muchas cosas seguirán estando fuera de tu control.

Podemos elegir asumir la responsabilidad de nuestra propia felicidad y de nuestras respuestas como víctimas del bullying.

La buena noticia es que, aunque no puedes controlar ciertas cosas que te suceden –como los *bullies*, las tormentas, la enfermedad o los problemas domésticos– sí puedes elegir si respondes de una manera negativa o positiva. Sin importar en qué parte del mundo esté hablando, ya sea California, Sudamérica o China, los jóvenes me preguntan cómo puedo estar tan alegre cuando tengo estas discapacidades físicas tan graves. Les digo que se debe a que elijo enfocarme más bien en las cosas buenas de mi vida.

Tengo opción. Tú tienes opción. Podemos elegir rendirnos a la autocompasión o a la victimización cuando los *bullies* nos molestan, o podemos elegir asumir la responsabilidad de nuestra propia felicidad y de nuestras respuestas como víctimas del *bullying*. Puede ser que los adolescentes no tengan tanto control sobre sus vidas como los adultos, pero es algo poderoso asumir el control de tus acciones, en especial de las respuestas a las dificultades de la vida.

Cuando piensas en el *bullying*, por lo general, es en términos de otra persona que se está burlando de ti, que te está molestando o que te está excluyendo socialmente. Sin embargo, hay muchas otras formas de *bullying*, como la persecución religiosa, las dictaduras, la esclavitud sexual y el abuso físico y sexual. Incluso las enfermedades y discapacidades pueden considerarse agentes de *bullying*, en el sentido de que restringen tu libertad y tratan de limitar tu vida. Melisa escribió al respecto en un correo muy inspirador que me mandó:

Soy de un pequeño pueblo de Inglaterra. Tengo dos enfermedades muy poco comunes: distonía (un trastorno de motricidad neurológico) y síndrome del dolor regional complejo (CRPS, por sus siglas en inglés). Comenzó con una pequeña fisura en el tobillo y ahora estoy en silla de ruedas. No puedo caminar y hay un 90% de probabilidades de que pierda la pierna derecha de la rodilla hacia abajo. La distonía es una enfermedad neurológica que no sabíamos que tenía hasta que me rompí el tobillo. Estaba latente y en cuanto se detonó, el CRPS comenzó a afectarme. Me pidieron que dejara la universidad porque quería hacer fisioterapia. Terminé haciendo fisioterapia cada semana… durante 15 meses y dos veces al día durante 30 minutos diarios en casa. Resulta que la fisioterapia nunca me va a ayudar y actualmente estoy viendo a los mejores médicos para ver si mi cadera y mi pierna izquierda se pueden salvar. En fin, cuando me di cuenta de que esta enfermedad era de por vida, tomé la decisión de que quería ayudar a otros, quería inspirar a otros, justo como Nick. Y sé que Nick cree en Dios (yo no, pero soy de mente abierta y respeto esa opinión), pero creo en Nick y en cómo me inspira. He estado estudiando psicología de manera autodidacta y luego seguiré con otros temas. He creado mi propia página de Internet sobre mis enfermedades y en ella hay consejos.

También tengo un blog. Muchas personas me dicen que ya soy una inspiración para ellas, pero quiero hacer más: quiero inspirar a las personas como lo hace Nick. También llevo un "diario", para poder consultarlo más adelante y reflexionar o para usarlo para ayudar a otros. Todavía no soy una inspiración, pero, espero un día poder ayudar a otras personas, hacer que mi mamá se sienta orgullosa, y llegar a ser una inspiración, porque eso es lo que quiero. Quiero que alguien me diga: "Gracias a ti, no renuncié a mis sueños".

¿No es hermoso? Solo corregiría una cosa de lo que Melissa escribió en su carta: sí es una inspiración. Su historia me hace querer ser una mejor persona, ¡eso la convierte a ella en alguien que cambia vidas también!

El Poder de la Elección

Melissa eligió asumir la responsabilidad de su propia felicidad y de su propia vida. Es una joven muy sabia y muy madura. Desearía haber tenido su sabiduría cuando empecé a lidiar con el *bullying* en la escuela. Si un *bully* me decía algo hiriente, dejaba que me lastimara. Si decía que era un monstruo, me veía a mí mismo como un monstruo. Si un *bully* me decía que ninguna niña llegaría a quererme, yo lo creía.

No era fuerte. No asumía la responsabilidad de mi propia felicidad o autoestima. En ese momento no lo entendía y, como resultado, caía en la desesperación y tenía pensamientos suicidas que al final me llevaron a algunas acciones muy poco inteligentes. Intenté suicidarme una vez porque mis agresores me habían convencido de que no había esperanza. En otra ocasión, dejé que un *bully* me incitara a pelear en el patio de recreo.

En secundaria y preparatoria, gané sabiduría. Los *bullies* y las personas crueles seguían hiriendo mis sentimientos y haciéndome enojar. No podía evitarlo. Pero, con el tiempo, aprendí a controlar mi forma de responder ante ellos. En vez de lanzarme a su yugular o salir huyendo en medio del llanto, evaluaba la situación de una manera más reflexiva. Intenté entender de dónde venía cada *bully*. A veces era imposible. No siempre puedes leer las motivaciones de un *bully*. Algunos tienen problemas muy profundos o simplemente son malas personas.

Por favor, nunca dejes que un *bully* "te obligue" a hacer algo. Asume la responsabilidad y hazte cargo. Respóndele como te resulte mejor, pero no muerdas el anzuelo, sea cual sea.

Cuando estaba en la primaria, mordía el anzuelo por completo. Los *bullies* lograban clavarme sus anzuelos y eso me desgarraba el alma. No cometas ese error, porque también te van a desgarrar a ti y eso es precisamente lo que el *bully* quiere.

Casi me quité la vida por morder el anzuelo de la mentira de que yo era un monstruo sin valor ni futuro. Las mentiras te pueden matar, pero sólo si dejas que entren en tu corazón. No lo permitas. En cambio, dale la bienvenida a la verdad, la verdad de que fuiste creado por Dios de una manera perfecta y que estás en esta tierra para servir a él y a su propósito.

Eres amado y no tienes idea de lo que Él te tiene reservado. Tu valía no está determinada por tu apariencia: todo consiste en lo que está dentro de tu corazón y de tu alma.

De niño, no sentía que tuviera mucho poder. Para mí, los adultos tenían poder y los niños no. Los maestros tenían poder. Pero Dios me tenía guardado poder para que yo lo usara. Nunca pensé que lo tuviera, pero ahí estaba. Simplemente, no lo había reclamado todavía.

A continuación encontrarás algunas sugerencias que te pueden ayudar a activar tu propio poder de decisión.

Paso 1: Ponte al volante

Cuando te digo que te pongas al volante, lo digo metafóricamente, por supuesto. Puede que todavía no tengas edad para manejar, pero, aunque la tengas, este paso no consiste en manejar un coche, sino en aceptar la responsabilidad de ser la fuerza motora de tu vida. Si quieres ser feliz y exitoso –sea cual sea tu definición de éxito– tienes que aprovechar el poder que hay dentro de ti para crear la vida que quieres, sin importar lo que te suceda. Este es un concepto realmente genial. Es una especie de poder secreto que te mantiene en el camino y sintiéndote bien con respecto a ti mismo sin importar lo que la vida te presente.

David, de Portugal, nació con espina bífida y me escribió para contarme que, cuando era más joven, se deprimía porque la gente lo trataba con crueldad, como si valiera menos que los demás. Durante un tiempo, pensó en renunciar, pero luego decidió asumir el control de su vida y no dejar que los *bullies* determinaran cómo se sentía. David decidió luchar por sus sueños y mantenerse positivo sin importar las dificultades que enfrentara y eso cambió su vida.

"Por lo general, siempre tengo una sonrisa y me hace feliz que las personas como tú, Nick, también tengan siempre una sonrisa", escribió David. "No me puedo quejar de la persona en que me convertí. Luché mucho, me caí, me levanté y nunca me rendí. La muerte casi me atrapa dos veces, pero aquí estoy. Lo único que quiero es que la gente nunca deje de sonreír. Por eso hago mi mejor esfuerzo por ayudar a otros. He cometido errores y lo lamento, pero lucharé día con día para mejorar".

No hay ninguna garantía de que los *bullies* no vendrán a molestarte ni de que cada día será soleado, pero, mientras te rehúses a permitir que otra persona tome el control de lo que sientes sobre ti, de tus sueños o tus metas, deberías estar bien.

Paso 2: Decide a dónde vas y mantente en el camino

Cuando estás detrás del volante, asumes la responsabilidad de llegar a donde quieres ir. Así es que si quieres un vida mejor o la mejor vida posible, entonces tendrás que prepararte a reclamarla manteniéndote en la dirección correcta y haciendo todo lo posible por no perderte en el camino.

Debes estar dispuesto a trabajar por lo que quieres. No puedes permitirte conformarte con menos, así es que asegúrate de establecer metas y expectativas realistas y, luego, comprométete a lograrlas. La parte genial de todo esto es que cuando tomas el volante con un destino en mente y te comprometes a llegar, el viaje se vuelve mucho más disfrutable y es más difícil que cualquiera (incluyendo a los *bullies*) te desvíe del camino.

Paso 3: Llena el tanque de combustible

Llenar el tanque consiste en descubrir qué hace que tu motor corra, qué te llena de energía, qué te motiva y qué te mantiene en marcha cuando el camino se vuelve difícil o simplemente cuando quieres orillarte y tomar una siesta. La mayoría de los autos usan gasolina con plomo, sin plomo o diesel. Algunos coches más nuevos funcionan con baterías o con una combinación de baterías y combustible.

Las personas tienen una selección mucho más amplia de fuentes de poder. Hasta cierto punto, todos estamos motivados por la necesidad de ganar dinero, pero algunas personas sólo piensan en ganar la mayor cantidad de dinero posible. Yo no creo que ése sea el mejor motor, pero es importante saber si eso es lo que te motiva. Yo más bien recomiendo estar motivado por la fe, por marcar una diferencia en el mundo, por usar tus talentos y dones al servicio de Dios y de la gente.

Algunas fuerzas motoras son mejores que otras. Algunas te pueden llevar rápidamente a un callejón sin salida; otras te pueden dar satisfacción y hacer que el mundo sea un mejor lugar para todos. Si tu motor es solamente ganar dinero, no estoy seguro de que llegues a encontrar la felicidad. Pero si tu motor es usar tus dones al servicio de los demás, hay una gran probabilidad de que siempre tengas lo que necesitas. Lo sé porque ha habido muchas veces en que he tenido muy poco dinero, pero, como estaba viajando por el mundo animando a otras personas y acercándolas a Dios, me sentía como si tuviera todo lo que necesitaba y todo lo que quería.

Paso 4: Ponte en marcha y pisa el acelerador hasta el fondo

No sé tú, pero cuando yo era adolescente, pasé mucho tiempo sentado con mis amigos teniendo conversaciones como ésta:

–¿Qué quieres hacer?

–No sé. ¿Y tú? ¿Qué quieres hacer?

–¿Quieres ir al cine?

–No sé. ¿Y tú?

–No sé. ¿Y *tú*?

Podíamos seguir así durante horas y horas y nunca levantarnos del sillón porque no podíamos decidir qué decidir. No podíamos poner el motor en marcha y, como resultado, a menudo desperdiciábamos días completos sin hacer nada, sin experimentar nada, sin lograr nada.

No es así como quieres pasar tu vida, ¿verdad? Entonces, tienes que poner la marcha y pisar a fondo el acelerador. No puedes quedarte de brazos cruzados esperando a que alguien decida qué debes hacer. Tienes que tomar una decisión y, lo más importante, tienes que *llevarla a cabo*.

A eso se refiere la marca deportiva Nike cuando dice en sus anuncios: *"Just do it!"* (¡Sólo hazlo!). Si necesitas una fuente un poco más elevada, piensa en la Biblia, que dice que tener fe no significa nada a menos que actúes en conformidad. Sí, las acciones realmente dicen más que las palabras. Es bueno tener sueños, pero nunca reclamarás la vida que quieres a menos que salgas de la cama y vayas tras ellos.

¿Cómo ayuda esto a lidiar con los *bullies*? Bueno, ¿a qué es más fácil pegarle, a un pato que está quieto o a un conejo que va corriendo? Si los *bullies* están buscando a qué pegarle, su última opción será un blanco en movimiento: alguien que está al volante y con el pedal en el acelerador en camino a una vida mejor.

Paso 5: Revisa el espejo y el GPS

Cuando era chico y lidiaba con *bullies* habitualmente, noté que, en cuanto comencé a sentirme mejor conmigo mismo, los *bullies* tuvieron mucho menos poder sobre mí. Me sentí mejor conmigo mismo cuando me mantuve firme en mis creencias y actué en conformidad. Dejé de decir groserías. No fingí ser un tipo rudo. Hablé abiertamente sobre mi fe. Cuando me veía en el espejo, veía a un chico que estaba haciendo su mejor esfuerzo por ser el mejor Nick que podía ser.

En cuanto comencé a sentirme mejor conmigo mismo, los *bullies* tuvieron mucho menos poder sobre mí.

Eso es lo que quiero para ti, salvo por la parte que se refiere a Nick. Quiero que seas capaz de verte en el espejo todos los días y sentir que estás haciendo tu mejor esfuerzo por honrar tus dones y bendiciones. No espero que seas perfecto. Todos tenemos altibajos. A veces nos desviamos del camino. Está bien, siempre y cuando te tomes el tiempo de verte en el espejo y admitir que puedes hacerlo cada vez mejor. Puedes ser más tolerante contigo, pero también sé honesto. Mírate en el espejo y pregúntate si has caído en algún mal hábito o si te estás relacionando con personas que no sacan lo mejor de ti.

También deberías revisar tu GPS personal con regularidad para asegurarte de que estás en el camino correcto para convertirte en la persona que quieres ser y para crear la vida que quieres vivir. A veces tendrás que tomar una desviación. Puede ser que te pierdas un rato y tengas que encontrar el camino de regreso. Para mantenerte en el camino, de vez en cuando necesitarás revisar si te diriges en la dirección correcta para ti. Lo peor que puedes hacer es vagar sin rumbo o seguir a alguien cuyas metas y sueños sean distintos de los tuyos.

El espejo no miente; tampoco miente tu GPS personal. Si te encuentras inventando excusas, actuando de manera deshonesta o haciendo cosas autodestructivas, entonces sabrás que es momento de encontrar el camino de regreso a la dirección adecuada.

A Dios le importas tanto que te dio la vida y te puso en esta tierra. Necesitas cuidar su creación y honrar ese precioso regalo.

Notas de Nick para el capítulo tres

- El amor y la confianza en uno mismo llegan cuando asumes la responsabilidad de tu propia felicidad y de tu propio éxito.
- Tienes el poder de elegir una respuesta positiva aun cuando enfrentas sentimientos y experiencias negativos como el *bullying*. Es como un superpoder, ¡así es que úsalo para convertirte en alguien a prueba de *bullies*!

Cuatro

Elige tu camino

Traza una ruta cimentada en valores fuertes que ningún *bully* pueda sacudir.

Mis abuelos experimentaron una de las formas más extremas de *bullying* en Yugoslavia, su país natal. Durante la Segunda Guerra Mundial, fueron perseguidos por el régimen comunista a causa de su fe cristiana. Cientos de miles de sus compatriotas serbios fueron asesinados, expulsados o encarcelados. Mis abuelos y otros cristianos tenían que llevar a cabo los servicios religiosos en secreto y vigilantes porque temían ser arrestados o asesinados a causa de su fe.

Tras años de persecución, abandonaron su tierra natal y se mudaron a Australia, que es donde mis padres crecieron, se conocieron, se casaron y nos trajeron al mundo a mí y a mis hermanos. Se podría decir que el *bullying* ha tenido un enorme impacto en mi historia familiar y en mi vida.

Puede parecer extraño, pero, de cierta forma, el *bullying* me ha hecho más fuerte. Cuando las cosas estaban muy mal, sacaba fuerzas del hecho de que mis abuelos continuaron practicando su fe y se mantuvieron fieles a sus valores, incluso ante la amenaza de muerte.

Sentía que si ellos habían podido demostrar ese tipo de fortaleza, yo también podía hacerlo. Cuando era víctima del *bullying* en la adolescencia, me ayudaba pensar que lo que pasaron mis abuelos en Yugoslavia había sido mucho peor. Ellos sobrevivieron y siguieron adelante con sus vidas, lo cual me dio esperanza durante los tiempos difíciles cuando los *bullies* se burlaban de mí, me acosaban y me agredían porque me veía muy diferente a los demás chicos.

El Fruto del Espíritu

Mis abuelos siguieron el ejemplo de Jesús, quien también fue víctima del *bullying* por parte de quienes lo odiaban por sus enseñanzas. Él enseñaba los valores cristianos fundamentales y los vivía en carne propia, lo cual le dio la fuerza necesaria para enfrentar la muerte y expiar nuestros pecados para que un día podamos encontrar la paz eterna en el cielo.

Del mismo modo, tener valores fuertes puede darte la fuerza necesaria para lidiar con el *bullying* y con otras situaciones difíciles de tu vida. Los valores a los que me refiero se encuentran en la Biblia, pero, a menudo, otras religiones promueven valores iguales o similares. Se trata de cualidades, características o sentimientos que unen a las personas, crean lazos mutuos de apoyo y comprensión, y ponen en primer lugar el bien mayor en vez de favorecer la ganancia individual; aunque a largo plazo cada uno de nosotros también se beneficia de ellos.

Los valores cristianos son el opuesto de los valores mundanos o terrenales que tienen que ver más con ganancias a corto plazo para el individuo y no con la búsqueda del bien mayor. Los valores mundanos nos dicen que debemos buscar riqueza, poder, placer, venganza, fama y estatus. Ahora, también es cierto que los buenos cristianos pueden ser exitosos, tener vidas agradables y ser famosos y admirados, pero esas cosas mundanas no deberían ser la meta, aunque sean parte de la recompensa.

¿Cuáles son los valores cristianos que te pueden ayudar? En la Biblia, en Gálatas 5:22-23, dice: "Mas el fruto del Espíritu es amor, gozo, paz, paciencia, benignidad, bondad [que incluye la generosidad], fe, mansedumbre, y templanza; contra tales cosas no hay ley". Parece una buena lista, así es que vamos a analizar cada uno de esos elementos y ver cómo se aplican a tu persona, a tu escudo a prueba de *bullying* y al resto de tu vida.

El fruto del amor

La vida es demasiado corta como para seguir un camino que no sea el de Dios. Yo creo que el cielo es real y quiero ir ahí como su siervo bueno y fiel. También quiero llevar conmigo a la mayor cantidad posible de personas, e intento hacerlo demostrando y expresando el amor que Dios tiene para cada una de ellas siempre que puedo.

Es tan fácil y tan simple decirle a las personas que son amadas, no obstante, siempre me impresiona el poderoso impacto que eso tiene sobre ellas. En mis pláticas en escuelas, me ha tocado que *bullies* rudos se pongan a llorar y me den las gracias por decirles que Dios los ama. Más de una vez, algún adolescente me ha dicho que nadie más le ha expresado amor.

Es muy triste, en especial porque Jesús nos dijo que el mayor mandamiento es "Amarás al Señor, tu Dios, con todo tu corazón, con toda tu alma y con toda tu mente" y el segundo mandamiento más importante es "Amarás a tu prójimo como a ti mismo". Ese mandamiento está en el corazón de la regla de oro.

Debo admitir que para mí no siempre ha sido fácil sentir amor por los agresores que me molestan o que me dicen cosas hirientes, o por los que me tratan como algún tipo de monstruo inferior que no vale nada. No espero que a ti te resulte fácil amar y perdonar a tus agresores tampoco.

Sin embargo, quizá no tiene que ser fácil y, tal vez, sólo tal vez, Dios no quiere que sea fácil. Puede ser que quiera poner a prueba tu fuerza y tu fe al permitir que un *bully* te moleste o haga algo que te lastime. Saber eso puede ayudar a algunos, pero quizá no sea suficiente. Lo entiendo y Dios también. Así que piensa en la máxima lección de amor y perdón. Piensa en Jesús en la cruz mirando hacia el cielo y diciendo: "Padre, perdónalos porque no saben lo que hacen".

Puede que eso te resulte inspirador, pero también podrías argumentar que Jesús era el Hijo de Dios y que tú eres simplemente un adolescente tratando de sobrevivir. Nadie espera que ames a un *bully* que está intentando lastimarte físicamente, humillarte o herirte de alguna manera. Tal vez poner la otra mejilla tampoco sea una opción. Pero más tarde, cuando estés fuera del alcance del peligro, puedes pedirle a Dios que te ayude a que te sea posible amar y perdonar al *bully* que te está molestando.

No lo hagas por el *bully*. Hazlo por ti. Pídele a Dios que te ayude a sentir compasión por ellos. Dios siente compasión por nosotros aunque conoce todas nuestras fallas. Y, de todas maneras, elige amarnos. Tal vez tu agresor vive en un hogar lleno de problemas o abusos, sin amor ni apoyo.

Con frecuencia miro hacia atrás y me pregunto si hubiera podido hacer una diferencia radical demostrando amor por algunos de mis agresores. ¡Eso hubiera sido interesante! A todas luces, para una víctima, amar a un agresor hubiera sido una estrategia radical, pero eso es exactamente lo que hizo Jesús.

Tus agresores tal vez no sepan qué hacer si les demuestras compasión, les ofreces tu perdón o te acercas a ellos en lugar de huir. No aconsejo que lo hagas a menos que tengas un buen plan de escape o mucho amigos a tu alrededor. Una rápida motocicleta también podría ser una buena idea. ¡Mantén encendido el motor!

Todos fuimos creados para ser instrumentos del amor de Dios.

Ya sea que expreses o no empatía hacia tu agresor, podría resultarte útil pensar que se trata del hijo de alguien que, de algún modo, se ha ido por el camino equivocado. Todos fuimos creados para ser instrumentos del amor de Dios, así es que estoy seguro de que hacerles saber a los demás que son valorados y apreciados es parte de su plan.

También me he preguntado si mis agresores habrían cambiado por completo su manera de actuar si les hubiera ofrecido amor en vez de pavor. Tal vez habría podido salvar a alguien más de sentirse aterrorizado o de querer suicidarse.

El fruto del gozo

Es difícil encontrarle un pero a la alegría. ¿Quién no quiere estar alegre, verdad? Pero, una vez más, puede que te cueste trabajo sentir alegría cuando tienes a un *bully* respirándote en la nuca, arrojándote piedras, maldiciéndote, poniendo a tus amigos en tu contra, excluyéndote de eventos sociales o atormentándote escribiendo cosas sobre ti en Facebook.

La clave para este valor es que no deberías esperar que otras personas creen la alegría por ti. Esto no significa que tus amigos más cercanos, tus padres, hermanos y seres queridos no te den felicidad y alegría, pero la alegría verdadera y duradera proviene de tu interior.

Yo obtengo mucha alegría de mi fe, de mi trabajo, de hacer cosas por los demás, de tener un impacto positivo en el mundo y, por supuesto, de mi familia y otras relaciones amorosas. Puedes aprovechar esas mismas fuentes de amor profundo y duradero, aun cuando un *bully* te esté haciendo la vida tan feliz como un trabajo final de cincuenta páginas.

Cuando generas alegría desde el interior, ésta puede crear una especie de escudo a prueba de *bullies*. Créeme, nada enfurece más a un *bully* que alguien que puede sonreír y seguir caminando.

Si alguien le da alegría a tu vida, eso es un gran regalo, pero debes saber que puedes crear alegría desde el interior al saborear las bendiciones que tienes: ya sean los talentos y dones que has recibido, la belleza de un atardecer, un abrazo de tu mamá o tu papá, o la cálida bienvenida de tu cachorro al regresar de la escuela.

Acumula toda la alegría que puedas y haz uso de ella cuando los *bullies* intenten arruinar tu día. Pueden romper en pedazos tu trabajo final, pero nunca te robarán tu alegría.

El fruto de la paz

Estoy seguro de que cualquiera que esté siendo molestado por un *bully* daría un brazo y una pierna por tener un poco de paz. (No, eso no fue lo que me sucedió a mí). Pero, repito, la paz es un valor que puede y debe generarse desde el interior si aprovechas tu fe.

Es posible sentir paz en tu interior, aun si tienes encima a alguien que amenaza con limpiar el piso contigo. Cuando siento que el mundo está en mi contra, voy a mi lugar de paz, construido con mi fe y mi confianza en la bondad de Dios. Ahí, disfruto su amor, dejo fuera el enojo, la frustración y las preocupaciones.

Si necesitas paz a causa de un *bully*, debes saber que la paz de Dios es algo a lo que tienes derecho. En la Biblia (Juan 14:27), Jesús explicó que nos dejaba un regalo o legado, que describió como "paz en la mente y en el corazón". Como dicen las Sagradas Escrituras, la verdadera paz no es algo que el mundo te dé. Nadie puede darte paz. Es un regalo que Jesús nos dejó, un regalo que se encuentra dentro de ti y dentro de tu corazón.

¿Y cómo haces uso de esa fe? Le pides a Dios que te la dé. Busca cuál es su plan para tu vida. Descubre en las Sagradas Escrituras su amor, que siempre da consuelo. La Biblia dice que escuchar la Palabra produce fe. Por eso estudio la Biblia, porque siempre necesito refrescarme en términos de fe para poder enfrentar los altibajos cotidianos.

Cuando, en diciembre de 2010, pasé por momentos muy difíciles, no dejaba de repetir todo el día lo que dice en Filipenses 4:13: "Todo lo puedo en Cristo que me fortalece".

Lo que yo no puedo hacer, creo que Dios puede hacerlo en mí y a través de mí. Ése es el verdadero cimiento de fe que me ha fortalecido y me ha transformado desde adentro.

El fruto de la paciencia

Me contaron que una vez alguien le pidió a Dios más paciencia y luego tuvo que esperar formado durante una hora mientras Dios pensaba al respecto. Cuando esa persona finalmente se quejó por la espera, Dios le dijo: "Querías paciencia, así que te di la oportunidad de practicarla".

He tenido muchas oportunidades de practicar la paciencia, pero sigo tratando de hacerlo bien. La paciencia es una virtud y también un valor. Debo confesar que tardé en reconocerlo. De adolescente, e incluso de soltero a los veintitantos años, por lo general tenía mis propios horarios y hacía lo que quería cuando quería.

Definitivamente aprendí mis primeras lecciones de paciencia cuando empecé a vivir con cuidadores. Estaban ahí para ayudarme, pero había crecido tan acostumbrado a ayudarme a mí mismo que, al principio, les tenía muy poca paciencia. Cuando empecé a viajar por el mundo, siempre me acompañaba un cuidador, así es que estábamos juntos constantemente noche y día. Por supuesto, ellos también tenían que ser pacientes conmigo.

Estoy seguro de que era más difícil para ellos que para mí, pero la experiencia era algo nuevo para mí, así que me costó un poco de trabajo. Al final, aprendí a sentirme agradecido por su presencia y por todas las cosas que hacían por mí, y eso me ayudó a ser más paciente. La paciencia es una virtud tan crucial en la vida, y tiene muchas capas y aplicaciones. Es difícil entrenar tus pensamientos, controlar tus emociones y no perder la paciencia. Repito, todavía tengo mucho que aprender, pero definitivamente he cosechado los frutos de obtener paciencia y de pedirle a Dios que me dé más.

No me había dado cuenta de todo lo que necesitaba aprender en términos de paciencia hasta que Kanae y yo nos casamos e iniciamos nuestra familia. Cuando un amigo mayor se enteró de que íbamos a tener un bebé, me dio un consejo urgente: "Nick, ¡apúrate a aprender a ser paciente!".

Los adolescentes tienen otros retos en lo que respecta a practicar la paciencia. Lidiar con *bullies* requiere del uso de la paciencia junto con perspectiva. Cuando me sentía acosado por los agresores en secundaria, mi perspectiva era a muy corto plazo. Pensaba que sus burlas y tormentos nunca acabarían. Esa perspectiva limitada me dejaba sintiéndome abrumado y desesperado. Cuando un *bully* me molestaba, tenía que escapar de inmediato. Me escondí entre los arbustos con tanta frecuencia que creo que algunos compañeros de la escuela creyeron que yo era una nueva especie de planta.

Lidiar con *bullies* requiere del uso de la paciencia junto con perspectiva.

La paciencia me habría ayudado mucho en esa época. Con paciencia, yo habría tenido una perspectiva más a largo plazo que me habría liberado del estrés. Estaba atrapado en esta idea: *Este* bully *me va a hacer miserable durante el resto de mi vida.* En cambio, la paciencia me hubiera dicho: “Esto también pasará”.

El ejemplo más famoso de paciencia que hay en la Biblia es Job. Aunque Job era un hombre rico que tenía mucha fe, por alguna razón, Dios quiso poner a prueba esa fe. Así que Dios permitió que el demonio destruyera todas las posesiones de Job y se llevara también a sus hijos.

Job aceptó que Dios tenía un plan y una razón para permitir que le sucedieran tantas cosas malas. Dios permitió que su fe fuera puesta a prueba hasta el punto en que incluso el paciente Job lloró desconsoladamente para demostrar que era tan humano como tú y como yo. La lección es que Dios recompensó la paciencia y la fe de Job dándole el doble de lo que tenía antes.

El fruto de la bondad

¿Cómo puede este fruto del Espíritu ayudarte a lidiar con los *bullies* y otras situaciones difíciles de la adolescencia? Sin lugar a dudas, es una pregunta difícil. Cuando alguien se está burlando de ti, te está acosando físicamente, te está aislando o molestando en Internet, ¿en dónde entra en juego la bondad?

En Lucas 6:35, la Biblia nos dice: "Amen, pues, a sus enemigos, y hagan el bien y presten sin esperar nada a cambio y su recompensa será grande y serán hijos del Altísimo, porque Él es bueno con los ingratos y los malos". Y en Proverbios 16:7 dice: "Cuando el Señor se complace en la conducta de un hombre, lo reconcilia hasta con sus mismos enemigos".

Creo que la traducción "coloquial" de esto sería: "Acábalos con tu amabilidad". ¡O tal vez no! Ya en serio, he intentado ser amable con mis agresores y a veces ha funcionado, mientras que otras veces sólo los ha hecho ser aun más crueles.

Algunos *bullies* responden a la bondad porque en el fondo sienten dolor y nunca nadie les ha mostrado compasión. Ése es el caso de muchos jóvenes que he conocido en todo el mundo. Sienten dolor. Tienen agujeros en el corazón porque viven en hogares violentos, porque sus padres se separaron o porque los abandonaron y los pusieron en un hogar adoptivo tras otro.

No obstante, algunas personas tienen el don de la bondad y la compasión, a pesar de nunca haberlas experimentado en carne propia. En Mumbai y en otros lugares pobres, he conocido esclavos sexuales –adolescentes que han sido raptados y obligados a prostituirse– que me han sorprendido por su amabilidad hacia los demás, incluyendo hacia mí.

Quizá ser amable con los que te agreden no haga que se detengan, por lo menos no de inmediato. No hay garantías. Algunos *bullies* simplemente son personas crueles y enojadas.

Pero creo que intentar ser bondadoso siempre vale la pena y, de hecho, creo que en general es la mejor manera de vivir. Incluso si nunca nadie ha sido amable contigo, sugiero que les demuestres compasión a los demás y veas qué sucede.

Puede haber un gran poder en unas cuantas palabras amables. Tener pequeños gestos de amabilidad puede dar enormes frutos. Una sonrisa, una mirada compasiva, una llamada telefónica o un abrazo pueden hacerle el día a alguien e incluso salvarle la vida.

De niño, ayudé a mi papá a plantar semillas de tomate en el jardín. Al terminar, me dijo que observara crecer las plantas de esas semillas. Dijo que tomaría mucho tiempo, así que observé durante tres horas. No vi ningún cambio. El día siguiente resultó exactamente igual.

Creía que si la observaba, de alguna manera la planta crecería más rápido, pero con cada minuto que pasaba lo único que crecía era mi frustración. No tenía paciencia. Quería resultados inmediatos. En vez de tomate, ¡mi papá me debería de haber plantado semillas de chía!

Cuando pienso en este recuerdo de infancia, no puedo sino relacionarlo con la experiencia de la bondad. Nos sentimos muy frustrados si no se nos devuelve de inmediato, no obstante, a menudo, un solo acto benigno siembra semillas que un día crecerán y florecerán para convertirse en algo mucho mayor… tal vez amistad, tal vez incluso amor.

Creo que ofrecer bondad y amor sin esperar nada a cambio es un acto heroico. Se necesita más valor para dar sin esperar nada que para dar sabiendo que obtendrás algo a cambio. Uno es un acto de fe, el otro es una mera transacción. Así que sé amable. Sigue sembrando esas semillas de amor. Si no tienes un amigo, sé un amigo. Da un abrazo gratis. Da una sonrisa gratis. Nunca sabes qué surgirá de ser bondadoso. A veces sucede algo mágico. ¡Puede que hasta conviertas a un *bully* en un amigo!

El fruto de la generosidad

En la Biblia dice que los que bendigan a los demás con su generosidad a su vez serán bendecidos. Tener un espíritu generoso es un gran don. Ser generoso con un *bully* puede ser difícil. Es difícil hacer cosas buenas por alguien que te está haciendo la vida miserable. Así es que no estoy diciendo que tienes que ser generoso con los *bullies*, pero si eres generoso con otras personas, te sentirás mejor contigo mismo y eso hará que sea más difícil que los *bullies* o cualquier otra persona te afecte.

La generosidad te mueve a ayudar a otros. Algo que también encaja con mi filosofía es que, cuando tienes una necesidad, lo mejor que puedes hacer es atender las necesidades de los demás. La Biblia apoya esta idea cuando en Proverbios 19:17 dice: "El que se apiada del pobre presta al Señor, y Él le devolverá el bien que ha hecho".

Los adolescentes pueden sentirse tentados a decir que no tienen nada que dar y que entonces la generosidad no es un valor que puedan adoptar. Lo siento, pero eso no es verdad. La Biblia nos dice, en Romanos 12:6: "Tenemos diferentes dones, según la gracia que nos es dada".

Puede que no tengas dinero ni posesiones valiosas, pero tienes la bendición de contar con talentos y con tiempo, lo cual puede ser una gran bendición para los demás. Ofrecerte como voluntario para ser tutor, participar en el programa Hermano Mayor (Big Brother o Big Sister) o ayudar a los ancianos son actos de generosidad que requieren poco más que compartir tu tiempo y tu energía.

Nunca deberías dar para obtener una ganancia, pero eso no significa que no recibas recompensas. Dios nos diseñó de tal manera que cuando somos generosos con los demás nos sentimos mejor.

Cuando estaba al final de la adolescencia y estaba lidiando con problemas de inseguridad que me hacían cuestionar mi valía y mi lugar en el mundo, tenía un fuerte deseo de viajar a Sudáfrica y ayudar a los necesitados. Un joven sudafricano que me había escuchado hablar quería hacer una gira por escuelas, orfanatos y prisiones a lo largo de toda la región.

Naturalmente, mis padres se preocuparon por mi seguridad y aún más por mi salud mental cuando anuncié mis planes de tomar los veinte mil dólares que había ahorrado para comprar una casa y dárselos a los necesitados a lo largo del viaje. A pesar de sus preocupaciones, fui a África y usé el dinero para comprar pañales, lavadoras, secadoras y medicinas para muchos orfanatos que visitamos. Me entristeció ver a tantos niños sin familia pero la fuerza de su espíritu, su risa y su alegría me dieron aliento.

Pensé que podía marcar una diferencia en sus vidas, pero, como suele suceder cuando pones en práctica la generosidad, fueron ellos quienes marcaron una enorme diferencia en la mía. Realmente ese viaje cambió mi vida. Las experiencias que tuve me dieron la seguridad y la motivación para asumir compromisos como orador y llevar a cabo misiones en todo el mundo.

El contacto que tenía en Sudáfrica y el dinero que había ganado al dar conferencias me pusieron en una posición única para hacer el viaje. Obviamente no espero que hagas algo de esa magnitud. Sin embargo, podrías practicar la generosidad en tu escuela o en tu comunidad, como voluntario del proyecto Hábitat for Humanity en tu localidad o participando en alguna misión de tu iglesia.

Dale tu amistad a alguien que se sienta solo y sin amigos.

Otro pequeño acto de generosidad sería ofrecer tus oraciones por los que tienen alguna necesidad. Ni tú ni yo podemos hacer milagros, pero las oraciones nos conectan con Alguien que sí puede. Puede ser que los milagros estén fuera de nuestro alcance, pero los brazos de Dios son más largos que los nuestros, ¡especialmente en mi caso!

Un último acto de generosidad que te recomiendo es darle tu amistad a alguien que se sienta solo y sin amigos. Cuando viajo y hablo con adolescentes de todo el mundo, algo que me sorprende es que cada vez hay más jóvenes que se sienten aislados. A menudo se comunican únicamente por Internet, a través de correos electrónicos, mensajitos y *tweets*. La falta de compañerismo verdadero no es algo bueno.

Hubo una época en mi vida en la que me preocupaba mucho que nadie querría ser mi amigo porque me veía muy distinto a todos los demás. Un día, pensé lo siguiente: *Si tan sólo tuviera un muy buen amigo, mi vida sería mucho mejor.*

Puedes ser ese amigo para alguien más que lo necesite. Incluso puedes salvarle la vida a esa persona y quién sabe qué recompensas obtendrás por tu generosidad.

El fruto de la fe

En mayo de 2012, puse un mensaje en mi Facebook que decía: "Es mucho mejor ser fiel con respecto a lo que tienes que distraerte pensando 'si tan sólo', 'hubiera', 'debería'. Sé agradecido, aprende, crece y sé fiel".

Mi pensamiento sobre la fidelidad seguramente tocó un punto sensible, porque más de 3,000 personas le dieron "me gusta" y más de 570 lo compartieron con sus amigos. ¿Por qué ser fiel es tan importante para tantas personas y por qué debería ser importante para ti al lidiar con los *bullies*? Éste es otro de esos valores que no se pueden aplicar directamente como defensa contra los que te maltratan, pero si lo adoptas y lo pones en tu corazón, ser fiel hará que sea mucho más difícil que los *bullies* te alteren.

La fidelidad tiene muchos significados diferentes. Para los cristianos, consiste en vivir de acuerdo con las enseñanzas de Dios y confiar en su bondad, amor y misericordia incondicionales, sin importar lo que nos suceda. La fidelidad también es una virtud o un rasgo de personalidad. Cuando la tienes, le demuestra a los que te rodean que estás lleno del Espíritu de Dios.

¿Las personas te consideran una persona fiel? ¿Un amigo fiel? ¿Un estudiante, un compañero del salón, un compañero de equipo o un empleado fiel? Si no, es porque no estás siendo quien dices ser. En algún punto de la línea has roto los lazos de confianza que la fidelidad fortalece.

Especialmente en los primeros años de mi vida, tenía que confiar en la fidelidad de los que me cuidaban. Mis padres demostraron su fidelidad al cuidarme y darme la guía que necesitaba, aun cuando me resistiera. Ahora, los cuidadores que me ayudan a lidiar con mis discapacidades muestran su fidelidad al presentarse todos los días, hacer su trabajo y estar a mi lado, aun cuando esté de mal humor y no sea muy divertido estar conmigo. Cuando mi fidelidad necesita un ajuste y necesito revisar mis prioridades, le pido a Dios que me ayude y le doy las gracias por ser fiel conmigo.

Para el mundo en general, la fidelidad también significa ser leal, confiable, responsable y firme. Los adolescentes, y también los adultos, muestran fidelidad al hacer lo que dicen que van a hacer, al cumplir lo que prometen y al ser auténticos "predicando con el ejemplo".

No dejes que el dolor ni los tiempos difíciles te saquen del camino. Mantén la fe. Debes saber que vales mucho, que el dolor se desvanece y que los tiempos difíciles dan paso a días mejores. Yo tuve un poco de pánico en mis primeros años de adolescencia y, como resultado, no fui fiel en varias áreas de mi vida, desviándome de algunos de mis valores y creencias más importantes.

El dolor se desvanece y los tiempos difíciles dan paso a días mejores.

Si tú también has cometido ese mismo error, no te sientas mal. Nadie es perfecto. Agradece que sigues teniendo la oportunidad de volver al buen camino y da los pasos necesarios para regresar a un estilo de vida más auténtico y satisfactorio. Piensa a quién pudiste haber lastimado con tus acciones o tus palabras, pídeles perdón y también pídele a Dios que te perdone y que renueve tu mente día con día.

El fruto de la mansedumbre

La Biblia tiene muchas referencias a la mansedumbre como un valor deseable. En Gálatas 6:1, incluso hay un consejo sobre cómo usar la mansedumbre al lidiar con los agresores. Dice: "Hermanos, si alguien es sorprendido en pecado, ustedes que son espirituales, deben restaurarlo con espíritu de mansedumbre. Pero cuídese cada uno porque también puede ser tentado".

Una interpretación moderna de eso sería: "Mira, si un *bully* te está molestando, deberías decirle que lo tome con calma; sólo asegúrate de que tú no te conviertas también en un *bully*".

Nunca he intentado usar la mansedumbre con un *bully*, pero hay otra parte de las Sagradas Escrituras en donde dice: "Deja que tu mansedumbre sea evidente para todos". Tal vez esa estrategia funcione, pero tal vez no. Entonces, ¿qué lugar ocupa la mansedumbre en nuestros esfuerzos de hacerte a prueba de *bullies*? Bueno, puede que ser un alma gentil no asuste a tus torturadores, pero podría ayudarte a crear un escudo protector formado por amigos y gente que te apoye, y con quienes los *bullies* no querrán meterse.

La mansedumbre o gentileza no consiste en ser débil. A Jesús con frecuencia se le describe como alguien gentil y ciertamente no era débil. Incluso arrojó del templo a los mercaderes. ¡Eso fue genial! La mansedumbre consiste en practicar la humildad, renunciar a la necesidad de tener razón, poner en primer lugar a los demás, ser bueno para escuchar y ser un buen amigo, proteger a los que están siendo abusados y consolar a los que lo necesitan.

Sé que has escuchado frases como "manso como un cordero" o "manso como la paloma" o incluso en los anuncios de detergente dicen que ese producto es "suave como el amor de mamá". Sin embargo, la verdadera mansedumbre, el valor que todos deberíamos buscar, es mucho más profundo de lo que esas frases podrían indicar.

Muchas de las personas más fuertes y más admirables que conozco son almas gentiles que no tienen que demostrar lo rudas que son en el exterior porque son muy fuertes en el interior. Quienes tienen esa cualidad son mis héroes. Poseen esa calma y esa tranquilidad, pero tú sabes que su carácter y su fe son tan fuertes que nada los hace estremecer.

Cuando era adolescente, tenía la tendencia (bueno, está bien, el muy mal hábito) de querer ganar todas las discusiones y, especialmente, de querer tener siempre la razón. Si alguien me señalaba que estaba en un error, yo seguía queriendo salirme con la mía para poder afirmar que tenía razón. Un día, una amiga que estaba harta de ese mal hábito mío me dijo: "Nick, sólo porque tengas razón no significa que me lo tengas que decir cada vez".

¡Bang! ¡Me acabó con su bondad! Me estaba diciendo con palabras y con hechos que el verdadero poder se encuentra en ser gentil y amable y en ser un buen amigo... no en argumentar una y otra vez y en no dejar de insistir en ser la autoridad en todas las materias. El egoísmo y el orgullo pueden hacer que queramos ser escuchados y respetados, pero, a cambio, perdemos contacto con el valor de la mansedumbre y la fortaleza apacible.

La próxima vez que un *bully* oscurezca tu camino, no muerdas el anzuelo ni respondas a sus burlas con palabras crueles. En cambio, piensa que a lo mejor Dios está usando al *bully* para poner a prueba tu fuerza interior, tu poder apacible y tu habilidad para ser tan gentil y tan fuerte como el mismo Jesús.

El fruto de la templanza

Un amigo me pidió que aconsejara a un joven que se había casado con una mujer de su familia. Tim tenía apenas veintitantos años. Él y su esposa habían estado casados durante un par de años. Tuvieron dos hijos de inmediato y Tim no estaba manejando sus responsabilidades muy bien que digamos. No había cambiado la mentalidad de hombre soltero que puede hacer lo que quiere cuando quiere, por la de un hombre casado cuya esposa e hijos necesitan que esté ahí para ellos.

Tim también había admitido que tenía problemas en el trabajo, lo cual había disparado la alarma en la familia de su esposa. Básicamente, le faltaba madurez y templanza. Le dije que necesitaba ser un mejor ejemplo para sus hijos. “Quieres que estén orgullosos de ti y que te vean como un ejemplo, ¿verdad?”, le pregunté. “Como padre, tienes que poner sus necesidades y su bienestar por encima de los tuyos. Todo se reduce al autocontrol y a darte cuenta de que tus responsabilidades han aumentado”.

Tuvimos una plática muy amistosa y profunda. Él sabía que yo sólo estaba tratando de que despertara. Pude ver que lo tomó en serio y sus acciones a partir de entonces lo han demostrado. Ha sido mucho mejor esposo y padre. Sigue teniendo altibajos cuando necesita practicar más templanza, pero, en ese sentido, casi todos sentimos que podríamos beneficiarnos de tener más de ese fruto del Espíritu.

La Biblia dice: “Un hombre que no tiene autocontrol es como una ciudad invadida y sin murallas”. Recuerdo que, de adolescente, los maestros constantemente nos decían a mí y a mis compañeros del salón: “Muy bien, todo el mundo, contrólense”. Era extraño escuchar eso en ese entonces, porque, como la mayor parte de los adolescentes, yo no pensaba que pudiera controlar gran cosa. Vivía con mis padres. No tenía trabajo ni dinero. ¿Qué controlaba yo? ¡Nuestro perro ni siquiera me hacía caso la mayor parte del tiempo!

Los *bullies* no tienen control sobre sí mismos. Se burlan de sus blancos, los amedrentan y los aíslan socialmente porque son demasiado débiles para controlar sus peores impulsos y emociones en una forma más productiva. Es por eso que usar el autocontrol en respuesta a los agresores puede ser tan efectivo.

Cuando te rehúsas a responder a las burlas o no permites que un *bully* detone tu violencia, se demuestra que estás operando en un nivel de madurez y templanza más alto. Si el *bully* sigue persiguiéndote y te sientes gravemente amenazado, pude que tengas que defenderte, huir o buscar ayuda. Yo nunca te diría que permitas que un *bully* te dé una paliza, pero la violencia debería ser tu última respuesta. Te daré más consejos sobre este tema más adelante en el libro; por ahora, quiero animarte a adoptar todos los frutos del Espíritu como valores y a hacerlos parte de tu manera cotidiana de enfrentar la vida.

Vinimos al mundo pateando, gritando y exigiendo que nuestra hambre, sed y comodidad sean atendidas. Sería bueno que pudiéramos mantenernos de esa forma por el resto de nuestra vida, pero, por desgracia, incluso los padres más amorosos superan muy rápido la etapa de cambiar pañales.

Tal vez sigamos teniendo el mismo impulso primitivo de ser el centro del universo, pero, a medida que entramos en la adolescencia, por nuestro bien y el de todos los demás, se espera que controlemos muchos de nuestros deseos y antojos. Una falta de templanza conduce a malas decisiones.

Puedes usar el autocontrol y divertirte; sólo es cuestión de hacer las cosas con moderación y saber cuándo decir que ya fue suficiente. Si te descubres perdiendo el control o incluso si sientes que no tienes ningún control en absoluto al enfrentarte a un *bully* o ante la oferta de drogas o la tentación del sexo, puedes pedirle a Dios que te dé la fuerza para mantenerte fuerte y en control.

Si construyes una vida cimentada en los valores y virtudes del amor, el gozo, la paz, la paciencia, la bondad, la generosidad, la fe, la mansedumbre y la templanza, no me cabe ninguna duda de que cosecharás el fruto del Espíritu. Y creo que entre las bendiciones que recibirás estarán la confianza en ti mismo, la valentía y la adaptabilidad para lidiar con cualquier tipo de *bullying*, maltrato o circunstancia difícil que se presente en tu vida.

Notas de Nick para el capítulo cuatro

- Tener valores fuertes te puede dar la fuerza necesaria para lidiar con el *bullying* y con otros desafíos a lo largo de tu vida.
- Todos podemos beneficiarnos si construimos nuestra vida alrededor de valores como el amor, la alegría, la paz, la paciencia, la bondad, la generosidad, la fidelidad, la amabilidad y el autocontrol.

Cinco

Crea tu zona de seguridad

Genera seguridad y fortaleza internas para volverte "a prueba de *bullies*".

Cuando aceptes que vales y tienes un propósito, cuando asumas la responsabilidad de tu propia felicidad y crees tu vida con base en valores fuertes, podrás crear una zona de seguridad donde ningún *bully* ni ninguna otra persona o circunstancia podrán hacer que te sientas mal contigo mismo. Piensa que se trata de una habitación segura o de un refugio de tormentas que no está ni en tu casa ni en tu escuela sino en tu mente. Puedes ir ahí para sentirte seguro sobre quién eres cada vez que enfrentes la amenaza de un *bully* o una mala experiencia de cualquier tipo.

No se trata de protegerte físicamente de los *bullies* que quieren lastimarte dándote una paliza o haciéndote daño de alguna otra manera. Te daré algunos consejos sobre eso más adelante en el libro. Esta zona de seguridad tiene la finalidad de protegerte emocionalmente de modo que no te estreses ni te deprimas por el *bullying* ni por otras cosas negativas de tu vida.

Puede que tu zona de seguridad sólo exista en tu conciencia, pero su impacto en tu vida puede ser muy poderoso. Y siempre va a estar ahí, sin importar dónde estés, durante el resto de tu vida. Yo aprendí solo a ir mentalmente a mi zona de seguridad cuando un agresor o una mala experiencia sacudían mi confianza o me hacía cuestionar mi valía y mi futuro.

Solía apartarme a algún lado, entrar mentalmente en ese cobijo y decir para mis adentros: "Soy un hijo de Dios y Él me creó por una razón. Tiene un plan para mi vida. Nadie puede quitarme eso ni hacerme sentir menos. Soy amado y valioso".

Tal vez estés pensando: *Bueno, eso te funciona a ti, Nick, pero probablemente no me va a funcionar a mí.* Así que déjame presentarte a Jenny, quien envió un correo electrónico a mi sitio de Internet en el que describe básicamente en qué consiste su propio proceso de zona de seguridad. Ella no lo llama así, pero, como verás, en gran medida, funciona de esa manera.

A Jenny la molestaron y agredieron en la escuela primaria y en la secundaria porque, como yo, no se ve como la mayoría de las demás personas. Es triste pero cierto que no llamaba la atención por la belleza de su corazón y de su mente. En cambio, la molestaban y la trataban con mucha dureza porque nació con síndrome de Apert.

Después de leer el correo de Jenny, tuve que investigar sobre el síndrome de Apert porque no estaba familiarizado con él. Parecía una discapacidad cruel. Algunos estudios indican que uno de cada sesenta y cinco mil niños nace con este padecimiento. La mayoría tiene malformaciones en el cráneo, el rostro, las manos y los pies. Antes mencioné que, de niño, a menudo sentía pena por mí porque mis discapacidades eran muy obvias y no se podían esconder. Fue una lección de humildad pensar que Jenny lidió con una discapacidad física mucho más severa con tanta elegancia; aunque admite que ella, también, ha tenido sus días malos, como podrías esperar.

"Baste decir que fue necesario tener mucha fe en Dios, el apoyo de mi familia, en especial el de mi mamá, mi papá y mis hermanas para ayudarme a descubrir que yo estaba bien, a pesar de lo que 'el mundo' pudiera pensar", escribió. "ME ENCANTA TU testimonio sobre esto. En especial, ME ENCANTA lo que dijiste en la entrevista en 20/20 [el programa de televisión] de que 'no se trata de lo que el mundo piense sobre ti, sino de lo que TÚ pienses sobre ti.' Yo he vivido con esa misma consigna durante MUCHO tiempo".

Jenny dice que se graduó de la preparatoria, la licenciatura y el posgrado con buenas calificaciones y que, al mismo tiempo, se dedicó a tocar la trompeta y a cantar en el coro de su iglesia. También me escribió que la música desempeña un papel importante en su zona de seguridad, al igual que en la mía. Con frecuencia toco música cuando estoy estresado o me siento triste. Lo he hecho desde la adolescencia cuando era víctima del *bullying*. La música me tranquiliza y Jenny dice que a ella le pasa lo mismo.

"No sé si yo hubiera sido la misma persona si no fuera por la música", escribió. "Es donde encuentro mi paz, mi alma".

Una de las cosas maravillosas de crear tu propia zona de seguridad –ya sea en tu mente o en una habitación o un espacio especial– es que puedes llenarla con cualquier cosa que haga que tu alma esté en paz: tu música favorita, imágenes de seres queridos, oraciones, mensajes motivacionales, citas de las Sagradas Escrituras o incluso imágenes mentales o reales de tus motivadores favoritos (¡Yo estoy disponible, por supuesto!). Es tu "habitación", así es que siéntete libre de decorarla como quieras.

Una de las cosas maravillosas de crear tu propia zona de seguridad es que puedes llenarla con cualquier cosa que haga que tu alma esté en paz.

Otro elemento valioso que te recomiendo llevar a tu zona de seguridad es tu propósito o tu misión en la vida. Si aún no has decidido cuál es, está bien. Entonces, lleva pensamientos relacionados con lo que te apasiona, es decir, lo que más disfrutas hacer. Deja que ese sentimiento de felicidad y satisfacción te inunde.

Piensa en cómo crear toda tu vida alrededor de esa pasión. Si es la música, tal vez podrías ser maestro de música o trabajar en la industria de la música. Si eres un as en la computación, tienes muchas oportunidades esperándote para crear *software* o aplicaciones, para desarrollar nuevos motores de búsqueda o sistemas operativos. Deja que tu imaginación te aleje de lo que te inquieta en este momento y te lleve a ese futuro mucho mejor.

Cuando decidas cuáles son tus pasiones –sí, puedes tener más de una– será más fácil encontrar a otras personas que compartan los mismos intereses. A menudo los encuentras en clubes, equipos o grupos de pasatiempos creados alrededor de esas pasiones compartidas. Esto es bueno para ti en muchos niveles y también fortalece tu sistema de defensa contra el *bullying* y te da otra habitación en tu zona de seguridad. Verás, los psicólogos dicen que entre más interacciones sociales tengamos –entre más cercanos estemos a nuestros familiares y entre más amigos y conocidos tengamos– es menos probable que un *bully* pueda aislarnos y convertirnos en un blanco.

También es cierto que cuando sientes pasión por algo, por lo general, eres bueno en ese tema o en algunos aspectos del tema. Eso ayuda a aumentar nuestra seguridad y autoestima, que son elementos poderosos que puedes sumar a tu sistema de defensa contra el *bullying* y a tu zona de seguridad.

Entra en tu Zona

Hasta la preparatoria, no me había dado cuenta de que realmente disfrutaba hablar en público. Cuando era más chico, me sentía aterrorizado si tenía que pasar al frente de mi grupo para leer un ensayo o dar un discurso. En ese entonces, todavía me sentía nervioso y cohibido con respecto a ser diferente... y no me estoy refiriendo a mi acento australiano. Cuando entré en la adolescencia, mis padres me animaron a abrirme un poco para que la gente pudiera conocerme. Comencé hablando en clase y compartiendo mis sentimientos con los compañeros de mi grupo.

Para mi sorpresa, los otros chicos no salían corriendo cuando hablaba con ellos. De hecho, muchos parecían disfrutar hablar conmigo y saber más sobre mí. Algunos querían ser mis amigos y pasar tiempo conmigo. Unos cuantos incluso compartieron sus sentimientos conmigo y me confiaron sus propios miedos e inseguridades.

Cuando creces siendo tan distinto, como Jenny y yo, tiendes a tener una mayor empatía con los demás. Mis discapacidades me hicieron más comprensivo y más empático. Siempre estoy dispuesto a escuchar y a ofrecer ánimo y apoyo. Yo no me había dado cuenta de que tenía esas cualidades hasta que mis padres me animaron a salir de mi caparazón y a hablar más para que mis compañeros pudieran conocerme.

Después de un tiempo, descubrí que disfrutaba las clases en las que tenía que dar discursos o leer en voz alta mis trabajos. Poco a poco, me di cuenta de que tenía un don para comunicarme con las personas. Cada vez que me atrevía a hablar en público o a sentarme y dejar que los demás compartieran sus sentimientos conmigo, tenía la sensación de estar más atento y más vivo. No sé de qué otra forma describirlo además de *emocionante*. No en el sentido en el que resulta emocionante subirse a los juegos en un parque de diversiones, pero hay algunas similitudes. Era una especie de emoción adictiva. Una emoción que quería recrear una y otra vez. Así es que seguí abriéndome.

Entonces, un día, un conserje de la preparatoria me dijo que debía considerar convertirme en orador profesional. Al principio, me pareció una idea descabellada.

–¿Sobre qué podría hablar? –le pregunté–. ¿Quién iría a escucharme?

–Habla de los mismos temas de los que hablas con los chicos de la escuela –me dijo–. Les encanta cuando compartes con ellos tus historias sobre cómo has lidiado con tu discapacidad, de qué manera has intentado encajar y cómo has usado tu sentido del humor para manejar las situaciones difíciles.

Ese conserje no sólo limpiaba la escuela. Era un cristiano muy bondadoso y nos hicimos amigos. Platicábamos casi todas las tardes después de la escuela mientras yo esperaba que vinieran por mí. Me sugirió que fuera a una reunión como orador invitado. Durante un tiempo le pospuse, pero, al final, me convenció de hablar frente a un pequeño grupo. Fueron muy atentos y solidarios. Después de eso, hablé con cualquier grupo que me solicitara mi tiempo. Probablemente hablé con algunos que ni siquiera me lo pidieron. (Está bien, es cierto, a veces me paraba en las esquinas de la calle hablando conmigo mismo.)

Sin darme cuenta, estaba hablando frente a un grupo de trescientas personas y me estaban invitando a hablar en organizaciones y escuelas de otras comunidades.

Ya conoces el resto de la historia. El punto es que descubrí una pasión y he construido mi vida alrededor de esa pasión. Lo más importante es que encontré mi propósito –animar e inspirar a otros– y ésa es una de las cosas más poderosas que llevo a mi zona de seguridad.

Desde mis primeros días como orador en los que sólo hablaba con los compañeros de mi salón, descubrí que una de las cosas que evitaban que me pusiera triste o me sintiera desanimado cuando alguien me molestaba o algo malo sucedía era pensar en la última plática que había dado o en la que estaba por dar. Las personas me decían que disfrutaban mis pláticas. Decían que mi historia los inspiraba. Me daban las gracias, pero, la verdad, ellos me daban mucho más de lo que les daba yo. Confirmaban mi valor en este mundo. Eso lo capitalicé… y lo llevé a mi zona de seguridad.

El Remanso de Posibilidad

Cuando leí por primera vez el correo de Jenny, me di cuenta de que había seguido un patrón similar y de que su carrera era algo que ella mantenía como fuente de consuelo en su zona de seguridad.

"Soy trabajadora social y asesora en una institución de salud importante en... Georgia", escribió. "Trabajo en el departamento de gestión de casos ambulatorios, el cual se ocupa de los casos de las personas más pobres de uno de los condados rurales. Para mí es una ALEGRÍA... AMO mi trabajo".

La siguiente frase de Jenny me convención de que ella, también, tiene una zona de seguridad a donde va para protegerse y para tener acceso a todas las cosas buenas que hay en su vida en lugar de enfocarse en las malas. Ella la llama "el remanso". Así es como lo describió: "Creo que uno puede vivir en el remanso de que un día Dios te puede sanar a ti o a mí, pero... si Dios no lo hace, eso es lo que Dios quiso para mí y está bien. ¡Está muy bien! Lo más importante es que aquí estoy, con síndrome de Apert, por las razones que DIOS dispuso. DIOS lo quiso así y eso es lo que realmente importa".

"El remanso de que un día Dios te puede sanar a ti o a mí". Ésa es la zona de seguridad de Jenny. Dios puede hacer que todas las cosas funcionen en sintonía para aquellos que lo aman y han sido llamados a cumplir su propósito. Consuélate sabiendo que él está con nosotros y puede generar un propósito mayor en los tiempos difíciles.

Jenny acude a su zona de seguridad con su música y con los buenos sentimientos generados por su trabajo satisfactorio y deja fuera las cosas negativas de la vida, al tiempo que se concentra en las cosas positivas y en el futuro. Puedes llamar como quieras a tu zona de seguridad. Sólo haz un buen uso de ella porque es algo muy valioso con lo que se puede contar... y un lugar excelente a donde ir cuando las personas malas o los momentos difíciles te están estresando.

Cómo crear tu zona de seguridad

1. ¿Qué es lo que la gente dice que le gusta de ti?
2. ¿Qué cumplidos te hacen con mayor frecuencia tus padres, amigos o maestros?
3. ¿Qué es lo que más disfrutas en la vida?
4. ¿Qué calma tu espíritu y te atrapa mental y físicamente de manera que pierdes conciencia de todo lo demás?
5. ¿Cómo puedes crear tu vida alrededor de esas cosas que te satisfacen y te ayudan a sentir que estás haciendo una contribución o una diferencia?
6. ¿Cuál es el mejor futuro posible que puedes imaginar para ti?
7. ¿Quién te ama de manera incondicional?

Eres uno de los Hijos de Dios, una creación admirable.

Ahora vamos a ver formas de ayudarte a crear tu propia zona de seguridad y vamos a pensar en lo que puedes llevar al entrar mentalmente en esa zona en busca de consuelo, ánimo, seguridad y valía. Escribe tus respuestas en una hoja de papel. Tenla a la mano para que, cuando un *bully* te moleste o lleguen los tiempos malos, tengas un recordatorio que te ayude a "amueblar" tu lugar especial para elevar tu ánimo, esperanza, fe y autoestima.

8. ¿Qué textos de las Sagradas Escrituras, qué música, películas, libros, obras de arte, fotografías o actividades hacen que te olvides de tus problemas y preocupaciones y te brindan paz?
9. ¿Qué te gusta hacer tanto que querrías hacerlo por el resto de tu vida? ¿Cómo puedes ganarte la vida haciéndolo?
10. ¿Qué es lo más lindo que alguien ha hecho por ti? ¿Cómo puedes hacer algo similar por otra persona?
11. ¿Qué amigo o pariente necesita que lo animes en este momento? ¿Cómo puedes llegarle a esa persona?
12. ¿Cómo se sentiría ser parte de la zona de seguridad de otra persona?
13. ¿De qué manera tu fe en Dios te puede ayudar en este momento? ¿Qué oraciones funcionan mejor cuando te sientes estresado o asustado?

Uno de los pasajes de la Biblia que llevo a mi zona de seguridad es el Salmo 139:13-14, que dice: "Tú creaste mis entrañas; me formaste en el vientre de mi madre. ¡Te alabo porque soy una creación admirable! ¡Tus obras son maravillosas, y esto lo sé muy bien!".

También llevo a mi zona de seguridad pensamientos sobre el ministerio que realizo a través de Life Without Limbs. Dios me ha usado en innumerables escuelas, iglesias, prisiones, orfanatos, hospitales, estadios y encuentros individuales con diversas personas, para decirles lo preciados que son para Él. Eres uno de los Hijos de Dios, una creación admirable. Eso nadie te lo puede quitar. Dios tiene un plan para todas y cada una de las personas. Nuestra vida tiene sentido y propósito porque, cuando tenemos fe, su mano guía todo lo que hacemos. Dios tomó mi vida, una vida que otros podrían menospreciar como algo sin importancia, me llenó de su propósito y me mostró sus planes. A través de Él, he conmovido corazones y los he llevado hacia Él.

Dios también tiene un plan para tu vida. ¡Y ésa es tu zona de seguridad más importante!

Notas de Nick para el capítulo cinco

- Puedes crear una zona de seguridad dentro de tu mente a la cual puedes ir mental y emocionalmente para calmarte y aumentar tu fortaleza cuando aparecen los *bullies* o cuando surge alguna otra dificultad.
- Pensar a corto plazo puede hacer que el *bullying* sea aún peor, así es que cuando vayas a tu zona de seguridad, encuentra la paz poniendo la mirada en mejores días y en un futuro de oportunidades ilimitadas. Las cosas pueden parecer malas en este momento, pero esto también pasará.

Seis

Crea refuerzos

Establece relaciones fuertes y solidarias que te sirvan de respaldo contra el *bullying*.

En mis primeros años de adolescencia, pensaba que mis *bullies* eran enemigos, personas que querían lastimarme con sus palabras o sus acciones. Nunca pensé que un *bully* pudiera ser alguien a quien pudiera considerar como amigo hasta que empecé a salir con Zeke. Esto pasó en secundaria, cuando estaba tratando de encajar y actuaba como un tipo rudo, decía groserías todo el tiempo e ignoraba a los demás chicos cristianos de mi escuela. Por alguna razón, las opiniones y la amistad de los chicos que no eran cristianos, que fumaban mariguana y que hablaban con groserías eran importantes para mí. No eran malas personas. Algunos tenían muy buen corazón. Muchos tenían vidas familiares difíciles y estaban tratando de lidiar con problemas que no estaban bien equipados para manejar. Así es que no los estoy criticando.

Me hubiera gustado poder ayudarlos, pero, en ese punto, yo también necesitaba ayuda. Había perdido mi camino, había perdido contacto con mi fe y estaba fingiendo ser otra persona que en realidad no se parecía para nada a mi verdadero yo.

Algunos *bullies* son más sutiles que otros. No se te plantan enfrente y te amenazan. En cambio, hacen su mejor esfuerzo por manipularte para que sirvas a sus propios intereses. Las pandillas de las calles con frecuencia funcionan de este modo. Identifican a alguien que está aislado, que proviene de una familia dividida y que recibe poca supervisión de sus padres, y proceden a llenar la necesidad emocional de contar con apoyo y protección. Luego, una vez que han reclutado a la persona perdida o necesitada, la manipulan para que haga el trabajo sucio, que puede incluir vender drogas, portar armas, golpear gente, robar y demás crímenes.

Estos "amigos" *bullies* también pueden tratar de decirte quién eres y qué deberías hacer. Yo dejé que eso me sucediera durante un tiempo. Dejé que otros influyeran en mi manera de actuar y en lo que pensaba sobre mí mismo. Los escuché a ellos en lugar de escuchar la voz dentro de mí que me decía: *Esto está mal. Tú no eres así.*

Finalmente, me di cuenta de que me había alejado mucho de mi verdadero yo cuando Zeke, un compañero más grande de mi grupo, me ofreció un cigarro. Puede que haya empezado a decir groserías para encajar, pero arruinar mi salud era cruzar la raya. Ya es bastante difícil no tener extremidades, pero no hay forma de sobrevivir sin pulmones.

Me pareció extraño que cualquiera que me viera o me conociera un poco pudiera pensar que yo sería capaz de fumar un cigarro. Es muy obvio, o debería serlo, que no estoy hecho exactamente para ser fumador, ¡a menos que hayan creado alguna especie de cigarro para el que no se necesite usar las manos y yo no me haya enterado!

Cuando Zeke me sugirió fumar por primera vez, pensé: *Él no tiene idea de quién soy yo.* Un poco después, lo que me impactó fue que en realidad, yo tampoco sabía quién era; de lo contrario, no lo hubiera querido tener como amigo.

Repito, no estoy criticando a Zeke. No era una mala persona. Simplemente no era el tipo de persona que yo necesitaba como amigo.

Las personas responden ante ti y te tratan conforme a tu manera de actuar, no conforme a lo que piensas o sientes.

No era su culpa. Supuso que me gustaría fumar porque me había estado presentando como ese tipo de chico… el chico que hablaba con groserías y actuaba rudo. Fue la primera vez que me di cuenta de uno de los hechos clave de las relaciones: las personas responden ante ti y te tratan conforme a tu manera de actuar no conforme a lo que piensas o sientes.

Tal vez yo seguía pensando que era un cristiano hecho y derecho, pero no era así como había estado actuando. Eso quedó claro cuando Zeke sacó el cigarro, me lo ofreció y dijo: "Nick, tu vida debe ser una mier... Yo estaría realmente empu.… si fuera tú y querría fumar para tranquilizarme".

No sabía de qué manera fumar un cigarro podía mejorar drásticamente mi vida ni reducir cualquier problema de enojo que hubiera tenido. Tal vez soy yo, pero no me parece relajante ponerme en la boca una hoja de tabaco encendida envuelta en papel para que el humo llene mis pulmones. Conocía personas que fumaban. Cuando encendían un cigarro cerca de mí, el humo me hacía toser. Hacía que mi ropa apestara. No podía entender de qué manera alguna de esas cosas podría ayudar a calmarme.

Mis padres me habían enseñado que fumar era malo para la salud y que podía destruir mi cuerpo, que es el templo de Dios. Con todo eso en mente, no me resultaba nada tentador.

–No, gracias. Estoy bien –le dije a Zeke.

–¿Estás seguro? –preguntó–. Yo te lo detengo.

Zeke pensó que me estaba haciendo un favor. Su oferta en realidad era conmovedora, aunque mal encausada. Este tipo rudo se estaba acercando, tratando de mostrar que era empático y quería ayudar.

–No. Estoy *cool* –dije.

Nunca me lo volvió a preguntar. Reconozco que Zeke no me habría invitado a fumar en primer lugar si yo no le hubiera dado la impresión de que podía resultarme atractivo. Estaba poniendo una fachada falsa y estaba pasando mi tiempo con un grupo de personas que no sacaban lo mejor de mí. Algunos, intencionalmente o no, intentaron llevarme por el camino del tabaco y la mariguana.

Beber alcohol y consumir drogas más serias con toda seguridad habría sido el siguiente paso si no hubiera entrado en razón y hubiera regresado al círculo de amigos cuyos valores eran mucho más acordes a quien yo era realmente… o a quien debería haber sido.

Es cierto que no hubo ningún *bully* externo intentando intimidarme o sacarme del camino mientras fui amigo de los tipos más rudos durante ese breve periodo en secundaria. Pero, por otra parte, algunos de mis supuestos amigos de ese grupo sutilmente me estaban llevando por un camino que me habría hecho más vulnerable al *bullying* y a la manipulación.

Amigos para Bien o para Mal

La mayoría de las personas se consideran afortunadas si tienen uno o dos amigos con quienes pueden contar. Así es que no presiones a los demás ni te presiones a ti mismo para crear un enorme círculo de amigos cercanos. Es algo difícil de tener en un mundo en el que las personas se mueven tanto. Si tienes un grupo de amigos, qué maravilla, pero, incluso un solo amigo de verdad es una gran bendición. Lo más importante es ser amigo de ti mismo y parte de eso consiste en cuidar de quién te rodeas.

Tus amigos pueden ser las mejores influencias en tu vida. O pueden ser las peores. Pueden protegerte del *bullying* o pueden ser ellos mismos tus agresores. Por eso es tan importante elegir con cuidado a tus amigos.

Yo tengo una guía muy simple para elegir a mis amigos y colaboradores más cercanos: las personas a las que quiero tener cerca y en quienes más confío son las que me hacen querer ser mejor, más listo, más amoroso, más abierto mentalmente, más colaborativo, más confiable, más empático, más lleno de fe, más amante de Dios, más agradecido, más dispuesto al perdón y más abierto a las oportunidades de servir a Dios y a los que me rodean.

Un *bully* te puede robar sólo lo que pones ahí para que se lo lleven.

Ése es el tipo de amigos que harán que tú y yo seamos a prueba de *bullies*. Los agresores son menos propensos a elegir a alguien que tiene un círculo grande de amigos, pero, incluso si un *bully* sale de la nada y arruina tu día, a la larga no importará porque tus amigos cercanos te respaldarán.

Un *bully* te puede robar sólo lo que pones ahí para que se lo lleven. Si tienes amigos que te hacen sentir bien contigo mismo, que te apoyan, te animan y te motivan a ser lo mejor posible, entonces, ningún *bully* te puede quitar eso.

Tu equipo de refuerzos incluye amigos de tu edad y también otras personas clave como tus padres, parientes, maestros, entrenadores y líderes religiosos. Todos ellos deberían ser positivos, confiables, solidarios e inspiradores. Deben hacer que quieras ser lo mejor posible y hacer tu mejor esfuerzo.

¿Tienes Refuerzos?

¿Alguna vez te has tomado el tiempo de evaluar si tus amigos y demás personas cercanas son buenas o malas para ti? Te sugiero que lo hagas. En una hoja de papel, haz una lista de las personas más importantes en tu vida, quienes ejercen más influencia en ti y con quienes pasas la mayor parte del tiempo. Luego, para cada una, haz las siguientes preguntas:

1. ¿Nos respetamos mutuamente? ¿Por qué sí o por qué no?
2. ¿Confiamos el uno en el otro? ¿Por qué sí o por qué no?
3. ¿Esa persona me anima y me apoya?
4. ¿Nuestra relación me hace querer ser una mejor persona?
5. Si un *bully* me confrontara, ¿esa persona me apoyaría?
6. ¿Qué puedo aprender de esa persona?
7. ¿Necesito ser un mejor amigo de esa persona o debería alejarme de ella?

8. ¿Es alguien con quien tendré una relación estrecha durante mucho tiempo?
9. ¿Compartimos los mismos valores?
10. ¿Tenemos el mismo poder en la relación o uno de nosotros es más dependiente que el otro?
11. ¿Esa persona alguna vez me anima a hacer cosas negativas que de otro modo jamás haría?
12. ¿Estoy cómodo hablando sobre mi fe con esa persona?
13. ¿Es alguien que celebrará mis éxitos o que estará celoso de ellos?

Cuando hayas respondido esas preguntas para cada una de las personas cercanas a ti, revisa tus respuestas. Considera si necesitas acercarte a las influencias positivas y alejarte de las que no son tan positivas. Es importante ser conscientes de la naturaleza de cada relación que tenemos porque a veces caemos en zonas de confort y nos aferramos a relaciones que no nos benefician y que incluso pueden ser dañinas.

¿Los Sentimientos y la Amistad son Mutuos?

Por favor también recuerda que no puedes pedirles a los demás que hagan por ti lo que tú no harías por ellos. De hecho, te aconsejaría que des más de lo que recibes de quienes te apoyan y animan. Piensa en la amistad como si fuera un refrigerador que compartes con tu compañero de departamento. Si sacas pan y jamón para preparar un sándwich, necesitas agregar algo después para ser un buen compañero. No me canso de enfatizar lo importante que es tener personas positivas en tu vida y lo peligroso que es rodearte de personas que no sacan lo mejor de ti y que incluso te llevan a mostrar tu peor cara.

Un adolescente llamado Lester me escribió sobre sus experiencias al respecto. Se describió como "un niño rebelde que provenía de un hogar roto... Con el paso de los años, me hizo mucho daño y ocasionó que siempre estuviera asustado y nunca fuera feliz. Fui víctima del *bullying* cuando era chico porque era gordito y, con los años, siempre tuve una autoestima muy baja".

En vez de encontrar amigos que lo ayudaran a sentirse mejor y quisieran lo mejor para él, Lester comenzó a pasar tiempo con un grupo de personas que lo deprimían aún más.

"Tomaba alcohol porque pensaba que nadie me quería... estaba buscando la felicidad en los lugares equivocados. Pensaba que el sexo, conseguir chicas, beber, ir a fiestas, correr coches ilegalmente en las calles y la pornografía eran mi boleto a la felicidad".

Lester iba en camino a tener graves problemas. Sus amigos lo estaban llevando a un callejón sin salida. Por fortuna, tomó una desviación que probablemente le salvó la vida aquí y en el más allá. Encontró un nuevo círculo de amigos, incluyendo al amigo más importante de todos. Asistió a una convención de jóvenes cristianos donde, según dice, "aprendí y sentí a través del Espíritu Santo que Jesucristo me ama y nunca me ha abandonado... Eso cambió mi vida por completo.

"Dios me dijo ahí que yo era un elegido porque había escuchado la voz que decía que debía servirle... 100%. Actualmente, estoy estudiando la Biblia y estoy leyendo todos los días para mejorar los mensajes que les transmito a los jóvenes. Mi hermano y yo estamos grabando un documental sobre cómo son las vidas de los adolescentes... hoy en día. También tengo un grupo juvenil al que asisten quince personas. Vivo en un área en donde hay muchas familias rotas. Muchos adolescentes están perdidos y en este momento mi vida entera está dedicada a ayudar. Conozco mi propósito en la vida... ser un ejemplo para los jóvenes".

Tener un Propósito Genera Refuerzos

Como Lester descubrió, hay un verdadero poder en tener un propósito. Es como una fuerza magnética que atrae a otras personas con pasiones similares. Desde que declaré mi propósito en la vida al crear Life Without Limbs y al viajar por el mundo para dar esperanza y encender la fe, constantemente me ha asombrado la forma en que personas de todo el mundo entran a mi vida para apoyarme y unirse a mi misión.

Una de ellas, Ignatius Ho, es un exitoso contador y hombre de negocios que vive en Hong Kong y que siente una enorme pasión por todo lo que hace, en especial en cuestiones de fe. También tiene fuertes sentimientos con respecto a animar a los jóvenes a encontrar su propósito. Tiene dos hijos adolescentes, uno de ellos con autismo, así es que Ignatius es especialmente sensible respecto a las discapacidades.

Cuando vio uno de mis videos en YouTube hace más o menos seis años, Ignatius decidió que Dios quería que me ayudara a compartir mi mensaje con China, su país natal. Yo no conocía para nada a ese hombre, pero su sinceridad, altruismo y gran energía se ganaron mi confianza. Ignatius es una fuerza de la naturaleza.

Hago la broma de que si buscas en el diccionario "fe en movimiento", verás una foto de Ignatius, porque él siempre busca que las cosas sucedan. Cuando este torbellino humano decidió que quería que yo hiciera una gira por China, no hubo nada que lo detuviera. Hipotecó su casa, vendió su coche y consiguió apoyo de algunas iglesias para rentar el estadio para mi primer evento. Muchas personas le dijeron que estaba loco porque pocos chinos irían a oír hablar a un orador extranjero sobre su fe cristiana.

Ignatius me dijo: "Me vi obligado a renunciar a todos mis pensamientos racionales y a confiar por completo en Dios. No tenía plan B. Sólo tenía plan A y Dios nos daría los medios".

Su trabajo duro y sus sacrificios dieron resultados. ¡El evento resultó uno de los días más asombrosos de mi vida! El estadio estaba lleno más allá de su capacidad. Miles de personas le dieron su vida a Cristo.

Actualmente, Ignatius dirige nuestra oficina en Hong Kong y supervisa nuestro ministerio en toda China y en gran parte de Asia. Cuando se puso en contacto conmigo por primera vez y nos conocimos en 2008, Ignatius dijo que creía que los jóvenes de Asia necesitaban escuchar mi mensaje de fe, esperanza y determinación. Ahora, me ayuda a hacerlo en grande.

"En nuestra cultura, las personas se comparan unas con otras y se pueden enfocar con facilidad en lo que no tienen, en sus limitaciones", dijo Igantius.

Él cree que su cultura hace que los padres asiáticos se enfoquen en mejorar los defectos de sus hijos y tiendan a no animarlos ni alabarlos por sus logros y fortalezas. Los padres asiáticos también tienden a decirles a sus hijos qué carreras elegir, con base en los ingresos, en vez de permitir que sus hijos encuentren su propio camino conforme a sus propios sueños y pasiones, dice Ignatius.

"El dinero es lo primero y la mayoría de los padres anulan el libre albedrío de sus hijos al decirles qué estudiar y qué camino profesional deben elegir", dijo. "Por eso, nuestra generación de jóvenes no es feliz y se siente perdida con respecto a cuál es el propósito de su vida".

Ignatius, quien ha dedicado gran parte de su vida a motivar a los jóvenes a tener esperanza y a ir tras sus sueños, rápidamente se convirtió en mi mejor defensor y apoyo en Asia. Me ha organizado varias giras que han cubierto más de una docena de países en esa parte del mundo. Como podrás imaginar, esas giras son operaciones muy complicadas. No obstante, he aprendido que no hay ninguna dificultad que Ignatius no pueda superar a través de su gran fuerza de voluntad.

Los miembros de tu equipo de refuerzos también quieren verte crecer y superar tus propias expectativas. Además de organizar mis giras por Asia, Ignatius, quien es un amante y entusiasta de la música, me animó a explorar mi interés en la música al ayudarme a lanzar un disco de canciones para niños.

Mi humilde amigo es el fundador de dos programas de caridad relacionados con la música que tienen sede en Hong Kong. Su programa "Ángel musical" lleva a músicos famosos a niños discapacitados de toda Asia. Ignatius también fundó la Orquesta Juvenil Metropolitana de Hong Kong, la cual proporciona formación y oportunidades de presentaciones a 250 jóvenes músicos de 120 escuelas. Los músicos de esta orquesta, cuyo lema es "excelencia musical con alma", tocan en todo el mundo, con frecuencia en eventos de caridad en colaboración con renombrados directores de orquesta y los mejores músicos.

Al crear tu equipo de refuerzos, ten en mente que puede tener un efecto de bola de nieve: crecer vertiginosamente. Un buen amigo tiende a atraer a otros. Eso es exactamente lo que sucedió cuando uní fuerzas con Ignatius. Trabajar con él en Asia me llevó a otro amigo maravilloso y solidario, el señor Vu, un adinerado hombre de negocios de la industria del acero que se ha convertido en mi mayor apoyo en Vietnam.

El señor Vu comparte nuestra pasión por animar a los jóvenes a superar obstáculos. Algo que verás con tus refuerzos, y que se aplica en mi relación con el señor Vu, es que no tienen que compartirlo todo, siempre y cuando compartan una gran pasión.

Un buen amigo tiende
a atraer a otros.

El señor Vu no es cristiano; es un budista devoto. No obstante, no se enfoca en las diferencias de nuestras creencias religiosas. Como un verdadero amigo, se enfoca en lo que compartimos. Ha trabajado como loco para organizarme giras en Vietnam y el éxito de esos viajes nos ha sorprendido a los dos. Dispuso más de un millón de dólares de su propio dinero para alquilar un estadio para un evento. Pensamos que sería un evento bastante pequeño, con un par de miles de personas, pero hubo más de treinta y cinco mil asistentes. Después, el señor Vu nos llevó a Camboya para más presentaciones.

Cómo Encontrar Refuerzos

Esos dos hombres ahora son miembros importantes de mi equipo de refuerzos en Asia y en todo el mundo. Ambos se vieron atraídos hacia mi propósito de elevar vidas y dar esperanza. Es probable que tu equipo de refuerzos crezca de la misma manera a medida que identifiques lo que te apasiona y trabajes para ir tras tu propósito. Mientras tanto, si estás teniendo dificultades para encontrar amigos, como mencioné antes, busca grupos, clubes y organizaciones que estén a tono con tus intereses y pasiones.

Una de las mejores cosas que puedes hacer por ti y por tu sistema de defensa contra el *bullying* es ser lo más fuerte y saludable posible. Esto funciona en varios niveles. Si te pones fuerte y en forma, estarás en posición de participar en actividades deportivas con compañeros de equipo que se pueden volver tus amigos y te pueden proporcionar respaldo. Ser fuerte físicamente también es excelente para la confianza en ti mismo. Los *bullies* por lo general no molestan a quienes están en forma y rebosan seguridad.

Tomar clases de defensa personal es otra manera de ponerte en forma, de hacer amigos y fortalecer tu sistema de defensa contra el *bullying*. No tienes que ser una persona corpulenta ni estar superfuerte para practicar artes marciales. El entrenamiento a menudo está diseñado para ayudar a que personas menudas se protejan de atacantes más grandes.

Si tienes las capacidades físicas necesarias, te recomiendo que tomes clases de artes marciales, en especial las que se enfocan en defenderte sin hacerle gran daño a tu oponente. No me gusta la violencia física, pero, en algunas ocasiones, he tenido que protegerme lo mejor que he podido y, cuanto más sepas sobre el arte de la autodefensa, más capaz y más seguro estarás si un *bully* pretende lastimarte físicamente.

Una de las mejores cosas de entrenar artes marciales es que genera confianza en ti y te enseña cómo mantenerte calmado cuando te ves amenazado. Muchos *bullies* se echarán para atrás al ver que alguien no se siente amenazado fácilmente, en especial, si su supuesta víctima usa el entrenamiento para liberarse con facilidad cuando lo sostienen de la muñeca o le hacen una llave.

Busca un programa de artes marciales que esté diseñado para ayudarte a protegerte en lugar de un programa dedicado a combatir, a lastimar a las personas o a luchar de manera competitiva. Muchos instructores de artes marciales sugieren las clases de jiu-jitsu para los adolescentes que enfrentan *bullying* porque la mayoría de las formas del jiu-jitsu enseñan métodos para liberarse de atacantes que intentan agarrarte, hacerte llaves, ahogarte, jalarte o abrazarte con fuerza.

Si yo pudiera tomar clases de artes marciales, me gustaría algo como el aikido, que usa elementos del jiu-jitsu, pero se concentra en autodefensa pura con métodos que te permiten protegerte sin lastimar gravemente a tu atacante. El aikido es genial porque te enseñan a usar la fuerza y el impulso de tu atacante para repeler el ataque e impedir que te lastimes. No tienes que ser muy fuerte ni ser una persona corpulenta para aprender a usar el aikido, así que es especialmente bueno para aquellos de nosotros a quienes los *bullies* les gusta molestar.

Las artes marciales para la autodefensa tienen muchos beneficios. El entrenamiento también aumenta la disciplina, las habilidades de evaluación de riesgo, la flexibilidad y la fuerza, y todo eso es muy benéfico.

Aunque no lastimes a tu agresor, cuando vea que tienes habilidades en artes marciales, probablemente se acabará el problema de que esté tratando de atacarte. Otro beneficio importante es que tus compañeros de la clase de autodefensa se convertirán en amigos dispuestos a respaldarte y apoyarte, lo cual es un gran detractor para los agresores. Recuerda, sólo debes pelear si te atacan y no te dejan otra opción. No lo digo porque tenga corazón de pollo. He conocido gente que se ha enfrascado en peleas por cosas menores sólo para descubrir que la otra persona saca un cuchillo o una pistola y por poco la mata… o de hecho la mata. Por eso no te aconsejo que te pongas a pelear con tu *bully*, a menos que no haya otra alternativa.

Acercarte a los Demás

Puede ser difícil hacer amigos si eres el chico nuevo o si tienes alguna discapacidad evidente. Yo he estado en ambas situaciones y a veces en más de una a la vez. Imagina ser el niño nuevo de la escuela, que también es el único estudiante sin brazos ni piernas, así como el único en silla de ruedas ¡y el único con acento australiano!

No ayudó que hice algo muy tonto cuando mis padres decidieron que nos mudáramos de Australia a Estados Unidos por primera vez. Trabajé muy duro para cubrir mi acento australiano y sonar como norteamericano. Luego, unos meses después de que el año escolar había comenzado, ¡descubrí que a las chicas norteamericanas les encanta el acento australiano! Ya te imaginarás que después de eso quise ser más australiano que un canguro.

> No hay una sola persona
> en este mundo que
> no se haya sentido diferente
> o marginada.

Cometí el error de intentar esconder mi acento, igual que una vez intenté esconder mi fe para encajar en el grupo *cool* de la escuela. Ese tipo de cosas pocas veces funcionan bien. No puedes esconder quien eres. No puedes negar lo que realmente crees. Así es que mi consejo es ser tú mismo y hacer un esfuerzo activo por encontrar a las personas que están dispuestas a aceptarte tal y como eres. Todos nos sentimos solos en algún punto de nuestra vida. No hay una sola persona en este mundo que no se haya sentido diferente o marginada en algún momento. La buena noticia es que puedes hacer algo al respecto... y deberías hacerlo. El primer paso es dejar de esperar que el mundo venga a ti y salir a buscarlo tú mismo.

A continuación, tienes el testimonio de un adolescente que escribió a Life Without Limbs sobre cómo salió del caparazón:

> Como soy parapléjico desde que tenía tres años, he luchado por aceptarme a mí mismo y por obtener la aceptación de los demás (y también he luchado contra el dolor) ante una situación que no puedo cambiar. Con la fe que Dios me ha dado, he salido de mi caparazón, he aceptado de manera positiva quién soy y estoy más dispuesto a usar mis experiencias de vida para servir a los propósitos que Dios tiene con respecto a mí. Cuando veo mi vida en retrospectiva, en realidad me siento bendecido porque tengo una familia que me apoya y que ha luchado... por mis derechos y porque tengo amigos que ven más allá de mis discapacidades y se han convertido en amigos muy cercanos.

Esta historia me hizo clic porque pasé la adolescencia sintiéndome de una manera muy similar a medida que intentaba aceptar mis circunstancias y aceptarme a mí mismo. Mis padres siempre me impulsaron a acercarme a mis compañeros del salón. Me animaban diciendo: "Eres gracioso, Nick. Le vas a caer bien a la gente, pero no siempre puedes esperar que se acerquen a ti primero. A veces, tú te tienes que mostrar extrovertido con ellos. Habla frente a tus compañeros. Habla con los demás chicos. ¡Ayúdales a conocerte!".

Odiaba admitirlo, pero mis padres tenían razón. (¡A veces, tenían esa suerte!) Cuando bromeaba en clase, sonreía y hablaba con los demás chicos en el pasillo, ellos superaban el hecho de que estaba en silla de ruedas y de que me faltaban algunas partes. Me aceptaban mucho más de que lo que yo me hubiera podido imaginar.

Si alguna vez te encuentras en una situación en la que eres el nuevo de la escuela, del pueblo o del trabajo, hazme un favor: no hagas como yo y te escondas entre los arbustos. Eso no ayuda en lo más mínimo y, además, ¡ahí hay mosquitos! ¿Alguna vez te han picado los mosquitos? Ahora imagínate que los mosquitos te comen vivo ¡y que no tienes manos para rascarte! ¡Es una tortura!

En lugar de esconderte y aislarte cada vez más, haz que tu misión sea hacer amigos. No lo intentes demasiado. No hagas lo que un chico de mi escuela solía hacer y le ofrezcas un *quarter* a cualquiera que quiera ser tu amigo (¡Yo logré sacarle cincuenta centavos!) En cambio, únete a alguna organización dedicada a tus intereses para que puedas conocer gente que comparta esos mismos intereses. Ofrécete como voluntario para participar en grupos que realizan obras de caridad, grupos de la iglesia, eventos de la comunidad o causas en las que crees. Se trata de encontrar un terreno compartido y construir a partir de ahí. No tienes que impresionar a la gente. Sólo sé tú mismo y deja que descubran lo *cool* que eres.

La soledad nos aqueja a todos,
pero no es terminal.

Se necesita valor y paciencia para abrirse con los demás. Créeme, lo sé. Pero, entre más amigos tengas, menos vulnerable serás a los agresores y a los tiempos difíciles de la vida. La soledad nos aqueja a todos, pero no es terminal. Puedes acabar con ella. Mantente abierto a la posibilidad de que hay otros seres humanos en este planeta que quizá quieran ser amigos tuyos. ¡Puede que seas más encantador de lo que piensas!

Anna, que vive en las Islas Británicas, envió a nuestro sitio de Internet, Life Without Limbs, su historia sobre cómo luchó para encajar. Me parece muy inspiradora y espero que a ti también te lo parezca. Anna demuestra un maravilloso espíritu en esta historia. También muestra gran valor y determinación. En vez de sentirse mal y hacerse la víctima, se abrió con los demás, hizo amigos y encontró el mayor respaldo más fuerte:

> Padezco hipotonía (poco tono muscular), lo cual básicamente significa que mis músculos son débiles y no soy capaz de hacer las mismas cosas que las demás personas pueden hacer… Me molestaban por eso, y no sólo los demás niños, sino también el personal de deportes de la escuela. Nunca entendieron que tenía una discapacidad y me presionaban continuamente para que me esforzara más en lo que estaba haciendo, aunque estaba esforzándome al máximo. En segundo año de secundaria, me cambié a otra escuela porque ya no podía soportarlo y porque no tenía ningún amigo ahí…
>
> En esta escuela, había una unidad especial para las personas que se sentían demasiado incómodas para estar afuera con los demás y para quienes necesitaban ayuda para leer, escribir, etcétera. Apenas había estado ahí una semana y ya había hecho muchos amigos y la gente me apreciaba. Fue maravilloso. Fueron muy comprensivos y yo no tuve que preocuparme por nada. Un día, uno de los amigos que había hecho me habló sobre un club de jóvenes en una iglesia… y pensó que sería bueno para mí porque me ayudaría a aumentar mi

seguridad, etc. Al principio, estaba un poco nerviosa de ir, pero lo hice y nunca me he arrepentido. Durante las primeras semanas como que me escondí en un rincón, pero a medida que pasó el tiempo, me sentí más relajada. Como parte del club de jóvenes hay una charla/discusión de diez minutos sobre cristianismo. Debo decir que provengo de una familia que no es cristiana, así es que no sabía mucho, pero en realidad nunca pensé que no hubiera un Dios, siempre pensé que, antes de tener una opinión al respecto, debía saber más. Así es que a fuerza de estar en el café de jóvenes y de ayudar a hacer artesanías y manualidades en el club de vacaciones… comencé a pensar que tal vez había alguien allá arriba. Entonces, me acerqué a uno de los chicos del club de vacaciones y se lo conté; él me dio un pequeño libro de oraciones y me dijo que me lo llevara para revisarlo y que luego le contara qué pensaba.

Me lo llevé a casa y esa noche cerré la puerta de mi cuarto y comencé a rezar por primera vez y fue maravilloso, como si Dios estuviera conmigo. Desde entonces, he estado rezando, leyendo la Biblia y asistiendo a grupos de estudio bíblico, etc. Luego, un día, decidí que quería que me bautizaran para mostrar mi amor por Dios y por Jesucristo y, desde entonces, he sido cristiana. Mi papá al principio dijo que iría a mi bautizo, pero que no se quedaría a todo, pero sí se quedó. Estuvo en la comida, conoció a las personas que estaban ahí y se la pasó bien. No ha asistido a ninguno de los demás servicios, pero rezo para que, con el tiempo, lo haga y también el resto de mi familia.

Cuando pienso en lo que he visto en algunos de los videos de Nick, veo y recuerdo lo maravilloso que es Dios y el señor Jesús y que no importa quiénes seamos o cómo nos veamos o lo que la gente piense de nosotros, somos especiales, somos únicos y Dios nos ama tal y como somos.

Anna descubrió algo maravilloso cuando tomó la decisión de no sentir pena por ella misma y no estar sola nunca más. Descubrió que el primer paso para hacer amigos es ser amigo de uno mismo. Acepta que vales, que mereces amor y confianza. Debes saber que Dios te ama, así que nunca estarás solo ni sin amor y, luego, toma ese conocimiento y aceptación de ti mismo y muéstrate disponible. Deja que los demás vean a la persona maravillosa que Dios creó. A Anna le funcionó ¡y a ti también te funcionará!

Notas de Nick para el capítulo seis

- Las relaciones sólidas y solidarias son tu mayor defensa contra el *bullying* y otras situaciones difíciles. Las amistades que se apoyan entre sí son invaluables. Los mejores amigos son aquellos que quieren lo mejor para ti, de modo que el simple hecho de conocerlos y estar cerca de ellos te haga querer ser lo mejor que puedas ser.
- Los adolescentes a menudo quieren tener un enorme grupo de amigos. Si tienes un gran círculo de amigos en quien confiar, excelente, pero tener aunque sea una relación mutuamente solidaria y de confianza es una gran bendición.
- La mejor manera de atraer y crear amistades es ser un buen amigo con los demás.

Siete

Combate a los *bullies* que hay en tu interior

Monitorea y controla
tus emociones para lidiar
exitosamente con el *bullying*.

¿Recuerdas la última vez que un *bully* te hizo pasar un momento difícil? ¿Te dijo algo cruel, te amenazó físicamente, inició un rumor, puso en Internet una fotografía poco halagadora o volvió a la gente en tu contra? Intenta crear en tu mente una imagen clara de qué sucedió exactamente.

Ahora piensa cómo te sentiste. ¿Qué emociones surgieron? ¿Te sentiste lastimado? ¿Enojado? ¿Desesperado? ¿Deprimido? ¿Frustrado? ¿Todas las anteriores? ¿Algo más?

Muy bien. Ahora piensa qué hiciste como respuesta a las acciones o palabras del *bully*. ¿Eso hizo que las cosas mejoraran o empeoraran? ¿El *bully* dejó de molestarte? Después de que respondiste, ¿te sentiste mejor o peor? ¿Qué hubieras hecho diferente?

Siéntete en libertad de escribir tus respuestas a mis locas preguntas en una hoja de papel. Muchas personas encuentran que escribir las cosas les ayuda a resolver problemas. También es una buena manera de comenzar a monitorear tus emociones negativas, de modo que, en lugar de responder emocionalmente, puedas pensar primero y responder de una manera más reflexiva... lo cual es siempre la mejor manera de proceder.

En la Biblia, en Proverbios 16:32 dice que: "El que tarda en enojarse vale más que un héroe, y el dueño de sí mismo, más que un conquistador".

Tenemos emociones por una razón. No se apoderan de nosotros por casualidad, aunque a veces eso pareciera. Preguntarte de dónde vienen tus emociones y evaluar por qué te sientes como te sientes son partes fundamentales de adquirir conciencia de ti mismo y de imponer autocontrol sobre tus acciones.

Es importante saber qué detona tus emociones para que puedas controlar mejor tus respuestas en formas que te beneficien a largo plazo. Controlar las emociones negativas es una parte importante de tu sistema de defensa contra el *bullying* y también es clave para vivir una vida más exitosa. Las personas que permiten que sus emociones negativas controlen sus acciones tienden a sentirse fuera de control, inseguras e infelices. Quienes actúan con base en un proceso razonado para monitorear y controlar esas emociones tienden a ser más exitosos, más seguros y más felices.

Fíjate que no te dije que deberías controlar tus emociones negativas. Eso se debe a que realmente no puedes controlar esos sentimientos. La parte del cerebro que crea respuestas emocionales tiene su propio cuarto de controles y tú no tienes la llave. ¡Lo siento, pero ésa no es una excusa para aventarle un pastel completo a tu hermana cuando se burla de ti! Sigues siendo responsable de tus acciones.

Las personas con frecuencia se sienten confundidas con respecto a la diferencia entre controlar malos sentimientos y controlar acciones. Cuando somos muy jóvenes, la mayor parte de nuestras reacciones emocionales son el resultado de detonantes que están muy enredados en nuestro ADN, pues con los siglos de desarrollo humano se demostró que dichas emociones nos ayudaban a sobrevivir en un mundo a menudo hostil.

A medida que crecemos, tenemos experiencias sobre las cuales basamos nuestros juicios, de modo que nuestras respuestas emocionales se vuelven más individualizadas. Siguen siendo respuestas automáticas, lo que significa que no tenemos control sobre ellas, pero se basan en nuestros juicios de valor y, por tanto, puede que no sean respuestas correctas. Por ejemplo, tal vez le tengas miedo a alguien por una historia falsa que escuchaste sobre esa persona. O puede que te sientas atraído de manera natural hacia un hombre que no conoces porque se parece mucho a tu tío favorito.

Las emociones son útiles en el sentido de que nos permiten hacer juicios de valor muy rápidos en momentos en los que se necesitan respuestas rápidas; por ejemplo, reaccionar velozmente cuando ves un cocodrilo que está nadando hacia ti con la mandíbula bien abierta. Sin embargo, las emociones negativas pueden ser agresores que te empujen a hacer locuras que podrían lastimarte a ti y a tus relaciones. Primero deberías buscar entender qué hay detrás de una emoción negativa antes de decidir cómo responder a ella. Si te das cuenta de que los sentimientos están basados en información correcta –esa persona en realidad no es un agresor o el hombre no es tu tío– entonces necesitas descubrir cómo responder con base en eso.

Cuando un perro bravo aparece de la nada y te comienza a gruñir y a mostrar los dientes, te sientes asustado. Tu corazón empieza a latir aceleradamente. Respiras más rápido. Tal vez se te eriza el vello de la espalda o del cuello o te pones rojo.

Todas esas respuestas físicas son detonadas por el mismo sistema de alerta que pone en marcha tus sentimientos de miedo. No puedes controlar esos sentimientos ni la respuesta física inicial, pero si ves que el perro tiene una correa que está amarrada a un palo en el suelo o que se trata simplemente de un poodle que ladra como si fuera un perro grande, puedes controlar tu respuesta a esas emociones de acuerdo a eso.

Con frecuencia, haces esto sin pensarlo. Respiras profundamente y controlas tu respiración, haciendo que sea más lenta, lo cual ayuda a que también tu ritmo cardíaco sea más lento. Tal vez te ríes de ti mismo por estar tan asustado, pues a menudo usamos el humor para liberar el estrés. A lo mejor dices en voz alta: "¡Fiú! Ese pit bull me asustó".

¿Ves lo que está pasando aquí? Cuando te das cuenta de que el perro no es una amenaza grave e inmediata, ¡reconoces que tus emociones son inválidas y ajustas tu respuesta! Es un proceso muy natural y puedes hacer lo mismo cuando te enfrentes a un *bully*, aun cuando el *bully* represente una amenaza real. Tienes ese poder, y es un buen poder que puedes usar.

Más adelante, te daré consejos sobre varias maneras de responder ante los agresores y cuáles podrían ser las mejores en tu caso en particular. Por ahora, quiero darte el regalo de ser consciente de tus emociones y el poder de elegir tus respuestas físicas a tus emociones.

El Espacio entre Sentir y Actuar

Las emociones son naturales y sientes lo que sientes. Sin embargo, la calidad de tu vida se ve afectada en gran medida por las decisiones que tomas al responder a tus sentimientos. Mira, existe un espacio, un intervalo de tiempo y una oportunidad entre el punto en el que sientes algo y el punto en el actúas conforme a ese sentimiento.

> La calidad de tu vida se ve afectada en gran medida por las decisiones que tomas al responder a tus sentimientos.

Ese espacio es un regalo. No bromeo. Los psicólogos dicen que las personas que aprenden a usar ese espacio con sabiduría, por lo general, son mucho más exitosas en la vida que quienes lo ignoran o no lo usan. Éste es el espacio en el que tomas el control, tomas decisiones inteligentes y te pones en la posición de definir tu propio destino.

Así que cuando te enojes con un *bully* o con tus padres, no tienes que ponerte agresivo. En cambio, puedes elegir entrar en ese espacio entre sentimientos y acciones y hacer algunas preguntas muy útiles como:

- *¿Por qué estoy enojado?*
- *¿Ponerme agresivo es la mejor respuesta? ¿Ayudará o hará más daño?*
- *¿Cuáles son mis alternativas?*
- *¿Qué puedo decir para mejorar las cosas?*
- *¿Qué puedo decir que sea benéfico a largo plazo?*

Cuando usas el espacio para pensar en tu respuesta y decidir qué es lo mejor para ti a largo plazo, estás practicando la autoconciencia y el autocontrol. Esto se llama "flexibilidad de respuesta" y es una señal de inteligencia emocional.

Hacerlo realmente es muy simple y, después de que lo hagas varias veces, se puede convertir en un hábito, un muy buen hábito. La idea básica es simplemente pensar antes de actuar siguiendo sentimientos o emociones negativos, de modo que puedas descubrir cuál es la mejor respuesta para esa situación en particular. Si un *bully* te está molestando, probablemente la mejor respuesta no sea ponerte a gritarle ni agredirlo físicamente.

Se dice fácil, ¿verdad?

Claro, lo más sencillo es responder de manera emocional, pero, ¿es lo más inteligente? ¿Sólo te ocasionará más aflicción y quizá incluso dolor físico? ¿La respuesta más inteligente sería hablar tranquilamente con el agresor para diluir la situación? ¿O sería más inteligente ponerte a salvo del agresor lo más rápido posible?

Cada situación es única, así es que no hay una sola respuesta que sea la mejor. Sin embargo, al entrar mentalmente en el espacio entre tus sentimientos y tus acciones, puedes evaluar mejor la situación, liberar la emoción y descubrir de una manera más lógica cuáles son tus mejores alternativas.

El *Bully* Que Hay en Ti

Esto es algo que debes tomar en consideración: tus emociones negativas pueden ser como *bullies* que viven dentro de ti. Intentan provocar una respuesta de tu parte que tal vez no genere tu mayor bien. Así es que, si simplemente haces lo que esos malos sentimientos te motivan a hacer, estarás cediendo ante otro *bully* en tu vida.

Esta idea se me ocurrió después de leer un correo electrónico que envió a mi sitio de Internet, Dominic, quien dice que tiene quince años y vive en el sudeste de Asia. Cuando leí su historia, vi que al principio Dominic dejó que las emociones negativas lo llevaran a hacer cosas que no lo beneficiaban. Cedió ante ese *bully* interior y el resultado no fue muy bueno, pero, después, cuando pensó en su respuesta, hizo algo que lo ayudó mucho.

Cuando Dominic estaba en noveno grado, le gustaba una chica y creía que él también le gustaba a ella. Luego se enteró de que a ella le gustaba otro chico que era amigo de Dominic. Eso lo hizo sentir enojado y deprimido, así es que los sacó a los dos de su vida.

Dominic se sintió todavía peor después de que la chica y su amigo se hicieron novios. Los veía portarse cariñosamente en la escuela y se deprimió y se enojó aún más. No ayudó que otros compañeros de la escuela sabían que a él le gustaba esa chica y hablaban sobre cómo su amigo se la había quitado. Eso hizo que Dominic se sintiera como un fracasado.

"No tenía a nadie. Lloraba de vez en cuando, mis calificaciones bajaron y ahogué mi dolor en alcohol", escribió. "Empecé a creer lo que las personas decían sobre mí, que era un fracasado y que no merecía vivir, que debía morirme, desaparecer, irme lejos".

Dominic no podía evitar sentirse triste por esta situación, pero dejó que sus sentimientos se convirtieran en *bullies* y lo obligaran a actuar de una forma autodestructiva, ¿verdad? En su correo, dice que se dio cuenta por primera vez de que había maneras más positivas de responder después de ver uno de mis videos en YouTube. Vio que yo había superado a los *bullies* interiores que existían como consecuencia de mis discapacidades y había tomado la decisión de llevar una vida más positiva. Dominic comenzó a cambiar su manera de responder a sus propios sentimientos y en el proceso cambió su vida.

Un día, después del baile de graduación, él, la chica y su novio arreglaron las cosas y se disculparon. Se perdonaron y cerraron el capítulo de lo que había sucedido en el pasado para poder ser amigos otra vez.

"Ahora, creo que Dios tiene un plan para cada uno de nosotros y que Él realmente es el camino, la verdad y la vida", escribió Dominic.

Para ayudarte a vencer a los *bullies* emocionales que te empujan a hacer cosas que podrías lamentar, intenta usar este sencillo proceso de ocho pasos la próxima vez que los sentimientos negativos se apoderen de ti.

1. Entra mentalmente en el espacio entre tus sentimientos y tu forma de responder a ellos.

2. Respira profundamente cinco veces para calmarte, mientras te enfocas en algo que te haga sentir seguro y en paz.
3. Piensa en la emoción negativa y en lo que la detonó. Separa cómo te sentiste por lo que pasó de lo que realmente pasó. Intenta ver la situación desde el punto de vista de la otra persona involucrada o desde la perspectiva de un adulto que respetas y en el cual confías. ¿Qué pensaría de esta situación un adulto a quien admiras? ¿Qué te aconsejaría esa persona?
4. Asegúrate de que entiendes de dónde vino la emoción negativa y por qué lo que sucedió la detonó. ¿Algo de tu pasado hizo que el sentimiento fuera más intenso o la emoción estuvo basada exclusivamente en ese incidente?
5. Crea la respuesta más positiva que puedas, una respuesta que te funcione a largo plazo.
6. Una vez que hayas descubierto cuál es la mejor respuesta posible, imagina que tus emociones negativas salen de ti como calor o vapor que escapa de tu cuerpo y se disipa en el aire.
7. Visualízate teniendo una respuesta positiva y cosechando las recompensas.
8. Repite el proceso cada vez que sientas que las emociones negativas se apoderan de ti hasta que se convierta en una respuesta automática.

He trabajado en este proceso yo mismo, en especial después de que me casé con Kanae y me convertí en padre. Quiero ser un buen ejemplo para nuestro hijo. Uso a mi padre y a mi tío Batta como mis guías, cuando intento descubrir cuál es la mejor manera de responder. Son hombres muy reflexivos y buenos modelos para mí. He estado con ellos en juntas de negocios en las que los he visto controlar sus respuestas en situaciones de muchas emociones. Siempre analizan las cosas que afectan sus vidas antes de actuar al respecto.

Las cosas negativas que nos suceden no tienen que robarnos nuestra paz ni nuestra alegría.

Quiero ser tan maduro como ellos en ese sentido. Ahora que tengo una familia que cuidar, me siento más maduro y me gusta ese sentimiento. Tengo una idea más clara de quién soy, de la persona que quiero ser y de lo que quiero hacer con mi vida. No soy tan propenso a desahogarme o explotar… y eso es bueno para todos los que están en mi vida.

Cada vez me doy más cuenta de que las cosas negativas que nos suceden no tienen que robarnos nuestra paz ni nuestra alegría. Tú y yo podemos tomar la decisión de entrar en el lugar en donde reconocemos nuestras emociones negativas, examinamos por qué nos estamos sintiendo de esa manera, ideamos respuestas positivas y, luego, hacemos nuestro mejor esfuerzo por ser lo mejor posible.

He madurado mucho emocionalmente en los últimos años. Siento que estoy mucho más consciente de los detonadores y las fuentes de mis sentimientos y, espero, también soy más inteligente respecto a mi manera de responder a ellos. Me doy cuenta de que, aunque no puedo controlar cómo me siento, sí puedo controlar cómo actúo.

Otra clave para vivir con inteligencia emocional es nunca suprimir los sentimientos negativos de tal manera que con el tiempo se acumulen hasta estallar. Eso no es nada saludable. Puedes controlar tus sentimientos negativos en el momento, pero, más temprano que tarde, necesitarás atenderlos y encontrar una manera de liberar la energía negativa. Yo se lo dejo a Dios. En vez de responder de una forma emocional, puedes pedirle que te ayude a responder de una manera espiritual. Reza por aquellos que te han lastimado, sabiendo que Dios es justo y que, si haces tu mejor esfuerzo, él hará el resto.

Notas de Nick para el capítulo siete

- Emociones como el miedo y el enojo son sentimientos naturales que no puedes controlar, pero lo que sí puedes controlar es cómo actúas respecto a esas emociones.
- El espacio entre sentir una emoción y responder a ella es crucial. En ese espacio se encuentra el secreto del autocontrol y la inteligencia emocional… dos regalos que te pueden ayudar a ser más exitoso, seguro y feliz.

Ocho

Elévate

Desarrolla cimientos espirituales que te ayuden a estar en paz y a mantenerte fuerte.

De niño, no podía entender por qué Dios me había traído al mundo sin brazos ni piernas. Siempre me habían dicho que Dios no se equivocaba y que amaba a todos sus hijos, pero no podía conciliar eso con mis discapacidades.

Durante años, recé por brazos y piernas y, si no por tenerlos, por lo menos por algo que me ayudara a entender cuál era el plan que Dios tenía para mí. Acudí a la Biblia en busca de respuestas y un día encontré un pasaje, Juan 9: 1-3, que realmente me cambió la vida.

Decía que Jesús se encontró con un hombre que había nacido ciego. Uno de los discípulos le preguntó a Jesús: "¿Quién pecó para que este hombre naciera ciego? ¿Él o sus padres?". Esa misma pregunta me había estado carcomiendo. ¿Mis padres habían hecho algo para enojar a Dios? ¿Nací sin extremidades como castigo hacia ellos? ¿O yo estaba siendo castigado por alguna razón?

Cuando leí la siguiente parte del pasaje, me dieron escalofríos. De hecho, me quedé con la boca abierta. Era como si yo, también, hubiera estado ciego y me hubieran devuelto la vista. Era la respuesta de Jesús a la pregunta de sus discípulos sobre el hombre ciego: "Ni él pecó, ni sus padres –respondió Jesús–, sino que esto sucedió para que la obra de Dios se hiciera evidente en su vida".

A partir de ese momento, creí que Dios me había creado por una razón. No entendía del todo cuál podía ser esa razón, pero tenía fe en que Él planeaba concederme un milagro algún día o de alguna manera obrar milagros a través de mí.

Descubrir ese pasaje sobre el ciego realmente cambió mi vida al cambiar mi actitud. Así es que, cuando empecé a tener problemas con los *bullies*, volví a consultar la Biblia en busca de respuestas. Encontré dos pasajes en particular que parecían ofrecer un par de respuestas distintas al *bullying*.

Hay una historia muy conocida en la que Jesús dijo que debíamos poner la otra mejilla al enfrentarnos a personas malvadas que intentaran lastimarnos. Sin embargo, Jesús no hizo exactamente eso, como se nos cuenta en Juan 18:19-23, cuando un guardia le dio una cachetada por haber desafiado al sumo sacerdote.

Después de la cachetada, Jesús respondió de una manera aún más desafiante: "Si he dicho algo malo –replicó Jesús–, demuéstramelo. Pero si lo que dije es correcto, ¿por qué me pegas?".

En este caso, Jesús pareció ser un poco más agresivo, al preguntarle al guardia por qué le había pegado. Jesús no puso la otra mejilla, pero tampoco le devolvió el golpe. Lo que tomé de esto es que puedes defenderte del *bullying* sin recurrir al "ojo por ojo".

Esto me lo tomé a pecho algunos años después al lidiar con un *bully* de la escuela que me estaba haciendo la vida miserable. Conté esta historia en mi segundo libro, *Un espíritu invencible*. No fue fácil contar la historia en el libro, pues era la primera vez que lo hacía públicamente.

Tampoco me entusiasma escribirla aquí, pero los adolescentes se pueden identificar con la angustia que el *bully* de Andrew me ocasionó. Esta historia es especialmente adecuada al hablar del papel que tu fe puede desempeñar al lidiar con *bullies* y otras situaciones difíciles, lo cual es otra razón por la cual la vuelvo a contar.

En caso de que no la hayas leído, te daré una versión resumida. Sin embargo, debes saber que lo que Andrew decía una y otra vez para lastimarme es un poco gráfico, así es que, si crees que te puedes sentir ofendido, sáltate los siguientes párrafos.

Sé que el tipo de *bullying* de Andrew no es la peor forma de *bullying*, porque nunca me puso una mano encima. Pero en ese momento vivía con el miedo constante de encontrármelo en el pasillo… y lo veía por lo menos una vez al día en la escuela.

Él era un año mayor que yo y es totalmente posible que no se considerara a sí mismo un *bully*. Con frecuencia, así pasa con ciertos *bullies*. Piensan que están siendo graciosos o que sólo están jugando, pero los que reciben sus agresiones consideran que sus palabras son hirientes, vergonzosas e intimidantes.

Ten eso en mente si alguna vez te encuentras "sólo bromeando" con alguien que obviamente no está disfrutando tu sentido del humor. Puede ser que sin saberlo te hayas puesto en el papel de *bully* porque fuiste insensible o simplemente pasaste por alto que lo que estabas diciendo era hiriente para la otra persona. Todo el mundo es sensible respecto a algo. Puede que tú creas que molestar a una chica porque tiene el pelo rizado es gracioso, pero a lo mejor a ella le parece hiriente y cruel. Así es que si molestas a las personas y no se ríen o parecen sentirse heridas, ¡por favor, deja de hacerlo!

Andrew no se detuvo. Era imparable. Durante aproximadamente dos semanas, cada vez que me veía en la escuela, me gritaba la misma frase hiriente: "¡Nick no tiene p…!".

Si molestas a las personas y no se ríen o parecen sentirse heridas, ¡por favor, deja de hacerlo!

Su broma era muy cruda, malintencionada e hiriente, aunque no fuera cierto. Yo sabía que no era cierto, pero, por supuesto, nadie más en la escuela lo sabía. ¿No era ya lo suficientemente malo que no tuviera brazos ni piernas? ¿Por qué Andrew tenía que andar diciendo algo así?

Me parecía sumamente cruel. También me molestaba que otros chicos se reían cuando lo decía. En esa época yo tenía un grupo de amigos muy sólido. La mayor parte de los chicos de la escuela me conocía y me llevaba bien con casi todos. No obstante, nadie me defendió y eso también me parecía cruel.

De hecho, todas las mañanas se me revolvía el estómago sólo de pensar en ir a la escuela y encontrarme con Andrew en el pasillo. Intentaba esquivarlo, pero nuestros horarios de clase parecían ponernos siempre en el mismo camino al mismo tiempo.

Finalmente, decidí que tenía que hacer algo, porque Andrew no parecía capaz de detenerse por sí solo. Era como un perico al que sólo le habían enseñado una oración y simplemente la repetía una y otra vez. Así es que un día, en vez de intentar esquivarlo en el pasillo, llevé mi silla de ruedas directo hacia él.

Por un segundo, pareció que el pánico brillaba en sus ojos. Tal vez pensó que mi silla estaba equipada con un lanzamisiles. ¡Eso hubiera sido bueno! (No es que esté en favor de ningún tipo de violencia, por supuesto.)

–¿Por qué lo haces? –le pregunté.

–¿Hacer qué? –contestó.

–¿Por qué me molestas y dices eso? –le dije.

–¿Te ofende?

–Sí, me duele cada vez que lo dices.

–Oye, no me había dado cuenta. Sólo bromeaba. Discúlpame.

Estudié su rostro durante unos minutos para asegurarme de que estaba siendo honesto. La verdad, no sé qué habría hecho si me hubiera dicho que me largara o si me hubiera molestado otra vez. Sin embargo, lo que dije después pareció tener un impacto mayor que cualquier otra cosa que se me hubiera podido ocurrir.

–Te perdono –dije.

No creo que Andrew se lo esperara. Inclinó un poco la cabeza. Me gustaría pensar que se sintió avergonzado o por lo menos arrepentido por haberme lastimado. Luego salió de mi vida y nunca me volvió a molestar.

Si alguna vez te han agredido de ese modo, probablemente sepas cómo me sentí. Fue un enorme alivio. De hecho, sentí como si me hubieran dado pulmones nuevos porque me resultaba mucho más fácil respirar. Mi nivel de estrés disminuyó drásticamente. No más mañanas de miedo y preocupación antes de la escuela.

Le di gracias a Dios por guiarme. También me sentí mejor conmigo mismo. Yo era David. Andrew era Goliat. Por lo menos así fue como me sentí al enfrentar a mi archienemigo. Yo no había puesto la otra mejilla exactamente. En cambio, había visto al *bully* a los ojos, le había dicho que me estaba lastimando y le había pedido que dejara de hacerlo.

Esa estrategia me funcionó en esa ocasión con ese agresor en particular; no te puedo garantizar que va a funcionar con todo el mundo en cada situación. En un capítulo posterior te daré algunos métodos alternativos para lidiar con los *bullies*. Por ahora, mi punto es que puedes confiar en tu fe para que sea tu guía y tu fuerza al lidiar con las situaciones difíciles de la vida.

La Fe Funciona

Creo en el poder de la fe y te animo a que te armes con él. Mi campaña de fe en contra del *bullying* me lleva por todo el mundo. Con frecuencia viajo a países en donde los gobiernos o algunas fracciones gubernamentales son hostiles hacia los cristianos y hacia compartir la palabra de Dios. No obstante, muchos creyentes valientes hacen lo que hicieron mis abuelos. Se reúnen en privado en comunidades cristianas y leen juntos la palabra de Dios, sabiendo que enfrentarían terribles consecuencias si mostraran abiertamente su amor hacia Dios.

Estoy agradecido de que las autoridades en esas regiones me han dado su aceptación y me han permitido hablar en sus países para compartir mi mensaje de amor y motivación. Cuando viajo a esos lugares en donde muchos son hostiles hacia los cristianos, me aferro a las palabras de Pablo en Efesios 6 y me pongo "la armadura de Dios" con el fin de protegerme de "las maniobras del diablo".

Creo en el poder de la fe y te animo a que te armes con él.

Pablo dijo: "Pues no nos estamos enfrentando a fuerzas humanas, sino a los poderes y autoridades que dirigen este mundo y sus fuerzas oscuras, los espíritus y fuerzas malas del mundo de arriba" (Efesios 6:12).

Usando la armadura de Dios en contra de esos *bullies* de alto nivel, viajo seguro. Llevo la coraza de la justicia, me ajusto el cinturón de la verdad, me pongo el casco de la salvación y blando la espada del Espíritu.

Agradezco que Dios me ha abierto oportunidades sin precedentes para hablar en lugares que de otra forma estaban cerrados a la evangelización cristiana. Hago mi mejor esfuerzo por aprovechar al máximo este acceso al motivar a todos los hombres, mujeres y niños e irradiar el amor de Jesús. Les muestro que un hombre sin extremidades puede vivir con alegría a través de Jesucristo.

A mí me funciona y te puede funcionar a ti también. Lo sé porque la gente me habla en persona sobre el poder de Dios en sus vidas y todos los días recibimos correos electrónicos como éste que envió una joven de África:

> Después de haber escuchado sobre Nick y de haberlo visto en persona cuando vino a nuestra iglesia... pensé en todas las excusas que he puesto toda mi vida. Nací con unos diminutos ojos rasgados y por esa razón me ponían apodos en la escuela. Me sentía insegura y muy infeliz. Ahora vivo una vida plena y feliz en Jesucristo, sin poner ninguna excusa. Rezo porque el mensaje de Nick llegue a cada rincón del mundo para cambiar nuestra manera de pensar y nos permita vivir vidas satisfactorias. ¡Me someto a Dios para que me use para difundir su bondad con el fin de sanar corazones rotos y poner sonrisas en los rostros de las personas y esperanza en sus corazones!

Correos electrónicos y cartas como ésa me recuerdan que tengo un propósito en esta tierra, al igual que tú. Muchas víctimas del *bullying* me han escrito para decirme que su fe los ha ayudado. Me han contactado adolescentes que están lidiando con enfermedades, discapacidades, hogares rotos, adicciones y otros problemas. Todos dan testimonios similares sobre el poder que la fe tiene en sus vidas.

Un adolescente de dieciséis años de Escandinavia, que dice que comparte mi ascendencia serbia, me escribió para contarme que rezar realmente lo ayudó a superar la depresión y los pensamientos suicidas: "Cada vez que tenía dificultades, pensaba... que Dios me ama y tiene un plan para mí", escribió. "Mi fe es mucho más fuerte ahora de lo que era antes, gracias a ti, y ahora también estoy poniendo mi fe en acción".

El *bullying* que ejercen las expectativas

Como mencioné al principio de este capítulo, algunas de las formas más extremas de *bullying* son de tipo cultural o incluso político. En mis viajes alrededor del mundo, en particular en Asia, he conocido adolescentes que se han sentido víctimas del *bullying* generado por las expectativas de los demás, incluyendo sus padres y líderes del gobierno. Me han invitado a dar pláticas a adolescentes en esos países porque la tasa de depresión y suicidio es muy alta. A menudo animo a esos adolescentes a acercarse a Dios en busca de ayuda en esas situaciones y muchos me han escrito para decirme que su fe los ha salvado.

Camellia es una de esas personas. Creció en China, donde una pequeña parte de la población es cristiana y hay pocas oportunidades de aprender sobre Dios. Ella no conocía a ningún cristiano, pero, de adolescente, escuchó que la Biblia era el libro más vendido del mundo y le dio curiosidad. ¿Qué había en la Biblia que la hacía tan popular?

Leyó la Biblia y se sintió inspirada por el poder de Jesús y su amor por todas las personas, pero Camellia aún no podía encontrar la fe para creer en la existencia de Dios. Pasó la adolescencia haciendo lo que se esperaba que hiciera: sacando calificaciones altas en la escuela. No obstante, al final de la adolescencia, sintió un vacío en su vida. Sintió que siempre había vivido conforme a las expectativas de los demás, siguiendo su visión de lo que debería hacer sin pensar en lo que ella quería.

La dedicación de Camellia había dado frutos y estaba en camino a alcanzar la vida exitosa que sus padres querían para ella, pero se sentía perdida y deprimida. Como muchos jóvenes, Camellia se sentía víctima del *bullying* ejercido por las expectativas que los demás habían fijado para ella. Quería elegir su propio camino en la vida y quería explorar más a fondo sus interrogantes sobre la existencia de Dios. Así que no era de sorprender que se sintiera perdida.

"¿Por qué no puedo encontrarme a mí misma? ¿Por qué no puedo encontrar mi rumbo? ¿Qué es lo que realmente quiero hacer? ¿Voy a pasar toda mi vida simplemente haciendo lo que otras personas consideran exitoso?", recuerda que se preguntaba.

Camellia se deprimió y contempló el suicidio, según dice, "porque no podía encontrar la razón por la cual yo estaba en este mundo".

Justo cuando Camellia estaba perdiendo las esperanzas, su universidad le ofreció la oportunidad de estudiar en Nueva Zelanda durante un año.

"Decidí ir sin dudarlo ni un segundo, porque sabía que era mi última oportunidad de cambiar mi vida", dijo en el correo que envió a Life Without Limbs.

El gobierno chino no permite que los ciudadanos usen YouTube, pero en Nueva Zelanda está disponible y Camellia descubrió uno de mis videos cuando estaba estudiando ahí. Dice que mi testimonio de fe le conmovió el corazón y la inspiró a retomar la lectura de la Biblia. También asistió a un evento dirigido por mi amigo Greg Laurie en Nueva Zelanda, donde conoció a muchos cristianos y se sintió impresionada por ellos y por su fe.

Camellia le entregó su vida a Dios poco tiempo después. Comenzó a asistir a la iglesia bautista y se unió a un grupo de vida cristiana. Decidió quedarse en Nueva Zelanda, en donde había creado una "vida más feliz que nunca".

"Sólo quiero decir que sin Dios no habría tenido una vida tan feliz. Me alegra que Dios me haya elegido para seguirlo".

Esta joven superó muchos obstáculos para tomar el control de su vida e ir tras sus sueños. Lo hizo a través de un viaje de fe y ahora está transmitiendo esa bendición al mostrarles el camino a los demás. Camellia es una de muchas jóvenes que he conocido que me dan la esperanza de que este mundo se convertirá en un lugar mejor, más amoroso y más lleno de fe, donde el *bullying* y la opresión ya no existan. Agradezco que nos haya contado su historia y espero que te inspire tanto como a mí.

Una vez más, te animo a que uses tu fe como arma de defensa contra los *bullies* y opresores de todo tipo, en todo nivel. Haz como he hecho yo en mis viajes y sigue el consejo del apóstol San Pablo de "ponerte la armadura de Dios".

Notas de Nick para el capítulo ocho

- La fe es algo maravilloso, pero sólo si la usas. Así es que, si crees en Dios, pon en acción tu fe en tu propia vida y al servicio de los demás.
- La fe es un escudo poderoso contra los *bullies* y otras dificultades, así que siempre debes estar consciente de que puedes "ponerte la armadura de Dios" al pedirle que te dé fuerza y apoyo.

Nueve

¡Punto "*bully*" a tu favor!

Por más malo que sea
ser víctima del *bullying,*
tú puedes salir más sabio y
más fuerte de cada reto.

Estoy a punto de poner sobre la mesa algo que te podría sonar loco al principio. Sólo síguele la corriente a tu amigo Nick durante algunas oraciones y, con suerte, la idea comenzará a tener sentido. Si no, te compro un auto nuevo.

No es cierto. ¡Era broma! ¿Qué tal un poni?

Ya, en serio, ésta es la idea que te pido que consideres: ¿Qué tal si pudieras encontrar formas de aprender y crecer al ser víctima del *bullying*? ¿Qué tal si tomaras las acciones hirientes de un agresor y las convirtieras en lecciones aprendidas de tal manera que te volvieras más fuerte, más sabio y más seguro?

¿Te estoy asustando? ¿Tienes la imperiosa necesidad de arrojarme agua fría para que se me quite la idea?

No estoy sugiriendo que la gente debería desear ser víctima del *bullying* ni que quienes lo ejercen en realidad están siendo benévolos en vez de malévolos. (Me encanta esa palabra, ¿a ti no? *Malévolo*. Suena tan malvada…)

Mi sugerencia de que puedas darle un giro a las cosas y usar la energía negativa de un agresor para crear algo que te resulte positivo, de hecho, está basada en mi propia experiencia con los agresores, pasajes de la Biblia, las palabras de sabiduría de personas que admiro, algunos estudios recientes sobre psicología y, por último, historias reales que me contaron adolescentes de todo el mundo.

Así que antes de que avientes el libro contra la pared y declares que a Nick V. se le aflojaron unos cuantos tornillos, déjame mostrarte esta evidencia, ¿de acuerdo?

Ganar a Través del Dolor

Primero, vamos a analizar las experiencias como víctima del *bullying* de un imán de agresores innato. Puedo recordar un solo ataque físico de un *bully* y fue cuando estaba en la escuela primaria. Me han molestado, me han insultado, se han burlado de mí y he sido el blanco de las bromas de un *bully* tantas veces que no las puedo contar.

Muy bien, ¿y qué resultó de ese cruel *bullying*?

Aquí sigo. Y no sólo eso, tengo una vida maravillosa y una carrera satisfactoria, una esposa hermosa y espiritual, un hijo increíble y una familia y amigos estupendos. Con toda honestidad puedo decir que haber sido víctima del *bullying* en la escuela me obligó a volverme más responsable de mi propia felicidad, más seguro, más extrovertido, más lleno de fe y más maduro en mi forma de lidiar con todo tipo de personas.

Ahora, también es cierto que en un inicio no manejaba el *bullying* muy bien que digamos. De hecho, en mis primeros años de escuela, me sentía muy abatido y hasta pensé en suicidarme, como podrás recordar. Pero con el tiempo y con la ayuda de los que me quieren, incluyendo a mi familia y a Jesús, mi Señor y Salvador, aprendí a usar el *bullying* en vez de permitir que los *bullies* me usaran a mí.

Aunque sufrí mucho mental y emocionalmente a causa de cada uno de esos encuentros con agresores, aprendí a salir un poco más fortalecido cada vez. Claro, me sentí avergonzado e intimidado durante un tiempo, pero nadie va por la vida sin sentir vergüenza o intimidación de vez en cuando. En cada uno de esos casos, aprendí algo sobre la vida, sobre otras personas y sobre mí mismo. Y hay algo muy gratificante en crecer a partir de la adversidad, ¿no crees?

Estoy seguro de que debe haber algunas personas que pasan la adolescencia sin sentirse inseguras, avergonzadas, aisladas, fuera de lugar o muy lejos de ser perfectas, pero nunca he conocido a una persona así. ¿Tú sí?

¿No hay algo increíble en volverte a levantar después de que te han derribado?

¿Y no hay algo increíble en volverte a levantar después de que te han derribado, en lograr la victoria después del fracaso, en aprender de tus errores, en que expongan una de tus debilidades y en trabajar para ser más fuerte?

Piensa en esto: ¿acaso muchos de los mayores héroes de los libros, las películas y las canciones no son personas que han sido derribadas por *bullies* o circunstancias difíciles sólo para levantarse y emerger más fuertes?

En el incidente de primaria, me provocaron a entrar en una pelea y tuve mucha, mucha suerte de no salir lastimado. En el caso del *bully* de la escuela secundaria, otra vez tuve suerte al confrontar a Andrew, él dio marcha atrás, ya sea por la sorpresa o porque realmente no sabía lo hirientes que eran sus palabras. Y en el incidente más reciente, el borracho del hotel nada más estaba actuando como idiota, no pretendía lastimarme.

Yo soy particularmente vulnerable y sé que he tenido la fortuna de escapar sin lesiones físicas. Espero que nunca hayas tenido que lidiar con un *bully* que te haya atacado, pero te animo a que aprendas y crezcas de cada reto.

Las Sagradas Escrituras

Ya sea como víctimas del *bullying* ejercido por adolescentes crueles o por la vida misma, todos somos puestos a prueba a lo largo de nuestras vidas. Tú y yo podemos elegir ser derrotados por las situaciones difíciles que se nos presentan o podemos elevarnos y tomar la oportunidad de volvernos más fuertes mental, emocional, física y espiritualmente.

> Hermanos míos, considérense muy dichosos cuando tengan que enfrentarse con diversas pruebas, pues ya saben que la prueba de su fe produce constancia. Y la constancia debe llevar a feliz término la obra, para que sean perfectos e íntegros, sin que les falte nada. (Santiago 1:2-4)

Este pasaje de la Biblia del apóstol Santiago me hace pensar en mis padres, que se habían preparado para la alegría del nacimiento de su primer hijo, sólo para enfrentar el hecho de que había venido al mundo sin brazos ni piernas. Varias veces me han contado sobre el momento en que lo supieron en el hospital y sobre los muchos temores y preocupaciones que les hicieron sentir sorpresa y aflicción en vez de alegría, pero nunca había entendido por completo cómo se debieron sentir hasta que nació mi hijo.

¿Te imaginas lo feliz que estaba al mostrarles a mi hijo, Kiyoshi, y al ver la alegría en su rostro? Desde ese momento he reflexionado, y estoy seguro de que mis padres también lo han hecho, sobre el largo camino que hemos recorrido juntos. Al principio, mis padres tenían pocas esperanzas de que lograra sobrevivir unos días después de nacido, pero, luego de que demostré ser un pequeñín resistente, seguían teniendo que debatir con la idea de qué vida le esperaría a su hijo que había nacido sin brazos ni piernas.

Para cuando dejé la cuna y literalmente rebotaba por las paredes como una pelota humana de ping-pong, mi mamá y mi papá rezaban pidiendo fuerza, sabiduría y valentía. Mi madre era enfermera, pero ni ella ni mi padre pudieron encontrar a otros padres que hubieran criado a un hijo como yo. Tuvieron que hacerlo como Dios les dio a entender.

Yo también. Cuando dejé el capullo protector de la familia y fui a la escuela, enfrenté por primera vez los sentimientos de ser diferente, raro, rechazado y agredido. Era doloroso. Muchas noches me quedaba acostado en la cama rezando para despertar con brazos y piernas a la mañana siguiente. Le supliqué a Dios que me lo concediera.

Sigo esperando mi milagro. A lo mejor tú también estás esperando el tuyo. Tal vez estés lidiando con un *bully* o con varios *bullies* que te están haciendo la vida miserable. O quizá algo más te ha derribado, le ha quitado toda la alegría a tu vida y te ha hecho preguntarte si alguna vez verás días mejores.

Por muy solitario que te sientas, no estás solo. Ya sea en la adolescencia o como adulto, las circunstancias y las personas que están más allá de nuestro control nos pueden afectar. Sientes que nunca terminará. No ves ninguna salida. Pero, mientras no sucumbas a tus sentimientos más oscuros, siempre hay una salida.

Por muy solitario que te sientas, no estás solo.

De adolescente, hubo muchas veces en las que me sentí tan deprimido que no iba a la escuela porque no quería lidiar con las miradas, las crueldades, el que me hicieran a un lado o supusieran que sólo porque me veía diferente era inferior, estúpido o no valía nada.

Otras veces, me sentí deprimido y enojado porque no podía cambiar como era, ni tampoco podía culpar a nadie por ello. En muchas formas, sentía que era víctima del *bullying* de Dios. No entendía por qué, si Dios me amaba, me había hecho tan diferente. ¿Por qué no quería que yo corriera como los demás niños, que pudiera lanzar una pelota o andar en bicicleta? De todos los niños de la escuela, yo era el raro. Sentía que era una carga para mis padres, mi hermano y mi hermana, mis maestros y los compañeros de mi salón.

Como sabes, tuve momentos de desesperación y depresión que me llevaron a intentar suicidarme a una edad muy temprana, pero, por fortuna, no lo logré.

A menudo luchaba contra miedos y dudas sobre mí mismo. Los *bullies* me molestaban y eso no me ayudaba. No obstante, a medida que trabajaba en mis inseguridades de adolescente, terminé por darme cuenta de que yo no era la víctima del *bullying* de Dios. Él no había creado un error llamado Nick Vujicic, más bien había creado a alguien cuyas "discapacidades" eran en realidad dones disfrazados… alguien para quien las dificultades resultarían fuentes de fortaleza. Dios obra en maneras sorprendentes. Las Sagradas Escrituras dicen que usa las cosas tontas de este mundo para desconcertar al sabio.

Por extraño que pueda sonar, mi falta de extremidades me hacía discapacitado y capacitado al mismo tiempo. Piensa lo siguiente: ¡mi falta de extremidades me obligó a pasar pruebas y a crear una vida que ahora me ha llevado hasta ti! Espero que pienses que eso es algo bueno. Yo así lo creo.

Los *bullies* en mi vida no pretendían hacerme más fuerte, pero lo hicieron; y espero que los tuyos también te hagan más fuerte. Dios me dio la pasión de compartir mi historia y mis experiencias. Creo que se debe a que quería que te ayudara a ti y a otras personas a sobrellevar las situaciones difíciles que estás enfrentando. Deja que Dios convierta a tus *bullies* en una bendición.

Romanos 8:28 dice: "Ahora bien, sabemos que Dios dispone todas las cosas para el bien de quienes lo aman, a los que han sido llamados de acuerdo con su propósito". Dios sí tiene un propósito para todos nosotros. Si Dios puede usarme a mí, ¡puede usarte a ti!

Ese versículo me llega al corazón y me da la fe necesaria para entender que no existe la buena ni la mala suerte. Incluso las cosas malas que suceden en nuestra vida pueden ser para nuestro bien si no dejamos que nos venzan y las convertimos en oportunidades para ganar fuerza y crecer.

Tengo paz absoluta al saber que Dios no dejará que nada nos suceda, a menos que tenga un buen propósito detrás de eso. Le di por completo mi vida a Cristo a los quince años, después de haber leído el pasaje Juan 9, en donde Jesús explica que había permitido que un hombre naciera ciego "para que la obra de Dios se hiciera evidente en su vida".

Al principio, pensé que Dios me curaría para poder ser un gran testimonio de su asombroso poder. Más adelante, se me dio la sabiduría de entender que, si rezamos por algo y es la voluntad de Dios, nuestro milagro sucederá a su debido tiempo. Si no es la voluntad de Dios que suceda, entonces, sabemos que nos tiene deparado algo mejor. Siento que Dios nos usa en formas que resultan únicas para nuestras historias y para las circunstancias difíciles que hemos superado. Así es que con cada *bully*, cada herida y cada desafío que has sobrevivido, ¡tu vida se vuelve más rica y tu espíritu se hace más fuerte!

En Filipenses 4:13 dice: "Todo lo puedo en Cristo que me fortalece". Dios tiene un propósito más importante para tu vida que cualquier cosa que puedas imaginar. Ahora, intenta imaginar, una vez más, que Dios puede convertir tus experiencias como víctima del *bullying* en un regalo con beneficios de por vida.

Palabras de Sabiduría

La creencia de que la adversidad nos puede hacer más fuertes ha existido desde hace mucho tiempo. A continuación tienes algunas de las citas que he encontrado de filósofos, líderes, héroes y otros hombres y mujeres sabios:

> No desarrollas valentía al ser feliz en tus relaciones diarias. La desarrollas al sobrevivir momentos difíciles y al superar las adversidades. –Epicuro, filósofo griego que nació 341 años antes de Jesucristo.

> Todas las adversidades que he enfrentado en la vida, todos mis problemas y obstáculos, me han fortalecido... Tal vez no te des cuenta en ese momento, pero una patada en los dientes puede ser lo mejor del mundo para ti. –Walt Disney, quien estuvo en bancarrota y a quien le robaron su primer personaje de caricatura antes de crear a Mickey Mouse, Disneylandia y Disney World.

La comodidad y la prosperidad nunca han enriquecido al mundo tanto como la adversidad. –Reverendo Billy Graham, uno de mis héroes personales y uno de los mejores evangelizadores de todos los tiempos.

Donde no hay dificultades, no hay fuerza. –Oprah Winfrey, quien fue víctima del *bullying* y del abuso infantil antes de convertirse en una estrella multimillonaria.

La mayoría de los versos escritos en alabanza a la Palabra de Dios fueron hechos por personas que tuvieron que enfrentar corazones rotos, injusticias, traiciones, calumnias y muchísimas otras situaciones difíciles. – Joni Eareckson Tada, uno de mis mentores, quien se convirtió en evangelizador internacional y en un exitoso escritor después de haber quedado paralítico de adolescente.

Cuando se presenta la adversidad, ahí es cuando tienes que estar más calmado. Da un paso atrás, mantente fuerte, mantén los pies en la tierra y no aflojes.
–LL Cool J, rapero, actor y empresario, quien fue víctima del *bullying* cuando era niño y luego se convirtió en agresor antes de cambiar su vida.

Podría darte muchos más de estos testimonios sobre usar a tus *bullies* y otras situaciones difíciles como motivación e inspiración para crear una mejor vida, pero creo que entiendes lo que te quiero decir. Si sigues teniendo algunas dudas, tengo una evidencia más que dice que los agresores que quieren convertirte en su tapete se pueden convertir, en vez de ello, en tu escalón.

La Investigación Científica

Puede parecer obvio que quienes ejercen el *bullying* contra nosotros son nuestros enemigos, pero algunos psicólogos dedicados a la investigación han encontrado evidencia que sugiere que, sin quererlo, también pueden resultar nuestros amigos a largo plazo. Si esto es demasiado difícil de digerir, tal vez los llamaremos simplemente "eneamigos".

> **Muchas personas dicen que sus agresores les dieron motivación para trabajar más,para ser mejores y para demostrar lo que valen.**

Una observación no científica que parece tener sentido es que, aunque la mayoría de las personas experimenta el *bullying* en algún momento de sus vidas, logran sobrevivir y superarlo. De hecho, muchas personas dicen que sus agresores les dieron motivación para trabajar más, para ser mejores y para demostrar lo que valen.

Maurissa Abecassis, psicóloga de una universidad de New Hampshire, le dijo al periódico *The New York Times*: "Las amistades proporcionan un contexto en el que los niños se desarrollan, pero por supuesto también pasa lo mismo con las relaciones negativas entre compañeros... Deberíamos esperar que ambos tipos de relaciones, por diferentes que sean, presenten oportunidades de crecimiento". Como alguien que fue orillado a considerar el suicidio de niño, obviamente no quiero que parezca que no deberíamos tomar en serio el *bullying*, ni que de alguna manera es aceptable o bueno que te haya sucedido; sin embargo, a lo largo de este libro, te he estado diciendo que lo que un *bully* te hace no es ni remotamente tan importante como la forma en que, al final, tú eliges responder. Eso es también lo que dice esta investigación.

Según otro estudio, el *bully* de la escuela que molesta a muchos niños, en realidad los puede ayudar a unirse por el miedo o la aversión que comparten, lo cual puede mejorar su autoestima y su confianza en sí mismos. De acuerdo con un reportaje de *The New York Times* realizado por Benedict Carey en mayo de 2010, titulado "¿Puede un enemigo ser amigo de un chico?", una serie de experimentos realizados por psicólogos de UCLA encontraron que las chicas de secundaria que "compartían aversión por algún compañero de clase" obtenían mejores calificaciones en evaluaciones de competencia social que otras chicas que permanecían neutrales. Dicho en términos más simples, las chicas crueles de tu salón te pueden motivar a hacer amistad con sus demás víctimas y a desarrollar habilidades sociales durante el proceso.

Otra cara de los beneficios potenciales de ser víctima del *bullying* durante la adolescencia es que te prepara para lidiar con las personas malintencionadas, tramposas y deshonestas que encontrarás de adulto. Esas personas existen y tienes que aprender a identificarlas rápidamente y a evitarlas, o por lo menos a mantener al mínimo el contacto con ellas.

Yo llevaba una vida protegida mientras crecía en un hogar cristiano. Mi instinto al tratar con las personas era siempre darles el beneficio de la duda, lo cual sigo creyendo que es una estrategia sana. No obstante, de adolescente, con frecuencia mi confianza en la gente iba demasiado lejos. Si la gente se aprovechaba de mí, si me decepcionaba o no hacía lo que decía que iba a hacer, yo tendía a pensar que había habido un malentendido o un error de mi parte. Con el tiempo, me di cuenta de que esas personas eran otro tipo de *bullies*. Abusaban de mí al aprovecharse de mi naturaleza confiada. Con el tiempo, aprendí a prestar atención a mi instinto respecto a las personas cuyas intenciones me parecían sospechosas.

Muchos *bullies* fingen ser tus amigos, ya sea en persona o por Internet. Pueden portarse de forma agradable y amistosa para atraerte, pero después te dan una puñalada por la espalda, intentan poner a los demás en tu contra o de repente te hacen a un lado después de que han terminado de utilizarte. Los psicólogos dicen que los adolescentes que experimentan ese tipo de *bullying* a menudo aprenden de él y se vuelven más alertas y menos propensos a ser víctimas en la edad adulta, cuando lo que está en juego es mucho más importante tanto social como económicamente.

Repito, no pienso que nadie crea que el *bullying* sea algo bueno y, si pudiéramos erradicarlo del planeta, estoy seguro de que el mundo sería un lugar mejor. Mi propósito al examinar las oportunidades para beneficiarse del *bullying* es ayudarte a aprender y a crecer a partir de algo que de otra manera sería una experiencia completamente negativa. Muchos adolescentes me han hablado o me han escrito sobre cómo han hecho precisamente eso.

Cómo usar el *Bullying* para ser Mejor Persona

Peter, de dieciséis años, escribió que desde séptimo grado había sido víctima del *bullying* por parte de compañeros de la escuela que decían cosas malas y se burlaban de él. No ayudó que era tan tímido que le estaba costando trabajo hacerse amigo de las chicas.

"Siempre fui inteligente y saqué el primer lugar del salón hasta que llegué a noveno grado. Y también me molestaban por ser inteligente, por estudiar, por divertirme aprendiendo cosas y por saber tanto. Me deprimí a tal punto que pensé que debía quedarme sentado en casa y nunca volver a salir".

Al principio, Peter dejó que el *bullying* le afectara. "Empecé a creer que no era lo suficientemente bueno, que no podía ser el 'chico *cool*' que todos querían que fuera y que no le caía bien a los demás", escribió. "¿Y qué sentido tiene mi vida si no les caigo bien a los demás?".

Peter dejó que esas preocupaciones lo amargaran en un inicio. Tomó la estrategia de "ojo por ojo" y, según dice, "comencé a odiar a las demás personas y a pensar que yo siempre tenía la razón y que eran malos; empecé a ignorarlos o a desear que nunca hubieran estado en mi vida".

No le funcionó, dice. "Durante los siguientes dos a tres años, he tenido el mismo estilo de vida: ensimismado, solitario, sin nadie con quién hablar o con quién compartir mi historia. A veces me sentía tan deprimido que pensaba en suicidarme".

He leído que muchos agresores alguna vez fueron víctimas del *bullying* y ése fue el caso de Peter. Pensó que, si no podía vencer a los *bullies*, debía unirse a ellos. "Comencé a hacer todo lo que ellos hacían: molestar, agredir, no estudiar, portarme mal en la escuela, decir groserías, ser irrespetuoso con la gente", escribió.

Cuando yo era víctima del *bullying*, nunca imaginé que otras personas estaban lidiando con problemas similares. Eso mismo le pasó a Peter. Se sentía solo. No creía que nadie más entendería sus sentimientos. Luego, conoció a una chica que le habló sobre su propia depresión y aislamiento. Su confianza lo hizo sentir valioso.

Muchos agresores alguna vez fueron víctimas del *bullying*.

Se hicieron amigos. Al principio, las inseguridades de Peter fueron un obstáculo, pero la chica se acercó a él y le hizo saber que le importaba.

"Ahí fue donde comenzó mi viaje de renacimiento", escribió. "A partir de ese momento, empecé a darme cuenta de que, si era capaz de hacer que esa chica en particular sonriera con unas cuantas palabras, entonces, podía hacer cualquier cosa en mi vida. Así es que comencé a ser yo mismo, empecé a hablar cada vez más con Dios y en un par de meses me di cuenta de que el AMOR es la fuerza que impulsa al mundo".

Peter recordó algo que me había escuchado decir en un video: "Nunca pierdas la fe en Dios… Sólo porque no veas a Dios, no significa que Él no esté ahí".

Escribió que su vida ha cambiado de manera radical desde que dejó de intentar ser como quienes lo agredían. En cambio, usa lo que ha aprendido de esa experiencia negativa para crear una vida más positiva.

"Estoy orgulloso de quien soy y de lo que soy, de lo que he logrado y del bien que le he hecho a este mundo. Ahora soy más abierto. No soy tan tímido como antes. Puedo hablar con cualquiera libremente. Puedo entender, perdonar y amar a todos y cada uno", escribió.

Al abrir su corazón a los demás, Peter descubrió que le respondían. Incluso quienes lo molestaban se volvieron sus amigos.

"Las personas que me odiaron en algún momento ahora me quieren porque he cambiado y las puedo querer yo también... Y Dios también me ha dado el regalo de contar con amigos maravillosos que me aceptan como soy y a quienes no les importa cómo me veo o que puedo y no puedo hacer", escribió. "Ahora sé que soy hermoso, que soy especial, que tengo un propósito en la vida y que nunca me voy a rendir".

La primera respuesta de Peter al *bullying* fue caer en lo negativo. Dejó que le afectara e incluso él mismo se convirtió en agresor. Eso pasa con demasiada frecuencia. Hay otra alternativa, otro camino que puedes tomar y, gracias a la chica que le ofreció su amistad, Peter lo encontró.

Rechazó la imagen negativa que el *bullying* le había dado de sí mismo. Se dio cuenta de que era un hijo de Dios y que, por tanto, merecía amor. Parece algo simple, pero ve los resultados. Ya no estaba aislado. Encontró una chica que se preocupaba por él. Quienes lo habían agredido se convirtieron en sus amigos. Escribió que incluso algunas personas le confiaron sus preocupaciones y le pidieron consejo porque, a sus ojos, él había crecido mucho.

Creo que lo mismo puede suceder en tu caso. No dejes que un *bully* te convierta en una víctima. En cambio, toma la decisión de convertir algo negativo en positivo. Rechaza al agresor y acepta el amor de Dios. Usa su fuerza para crear una vida mejor. Únete a Peter y a mí y di: "Me niego a permitir que un *bully* haga que mi vida sea peor. ¡Usaré esta experiencia para que mi vida sea mejor que nunca!".

Notas de Nick para el capítulo nueve

- Lo creas o no, siempre hay formas de beneficiarse de toda experiencia negativa, incluso del *bullying*. Así es que, al enfrentar una situación difícil, recuerda enfocarte en lo que puedes aprender de ella para hacerte más fuerte.
- Al lidiar con un agresor o con cualquier otra experiencia negativa, ten en mente las palabras de Santiago 1:2-4: "Hermanos míos, considérense muy dichosos cuando tengan que enfrentarse con diversas pruebas, pues ya saben que la prueba de su fe produce constancia. Y la constancia debe llevar a feliz término la obra, para que sean perfectos e íntegros, sin que les falte nada".

Diez

Crea tu estrategia de defensa contra el *bullying*

Prepárate para lidiar exitosamente con tus agresores.

Tres experiencias de *bullying* destacan como las peores que he vivido hasta el momento. La primera fue en la escuela primaria, cuando un *bully* que quería darme una paliza me incitó a una épica batalla en el patio de la escuela. El asunto terminó cuando lo sorprendí –y me sorprendí a mí también– con un cabezazo volador que le hizo sangrar la nariz y lo sacó de mi vida para siempre.

El segundo gran encuentro con un agresor, que mencioné antes en este libro, fue en la escuela secundaria, cuando un compañero mayor que yo me gritaba cosas crueles todos los días en el pasillo hasta que por fin le dije que me estaba lastimando y le pedí que dejara de hacerlo.

El tercero fue el incidente más reciente. Mi esposa y yo estábamos hospedados en un buen hotel y estábamos disfrutando la alberca cuando un borracho se acercó a hacer comentarios estúpidos y groseros sobre mi cuerpo. Simplemente lo ignoré hasta que regresó tambaleándose al hotel.

Cada uno de esos incidentes fue hiriente. Los primeros dos me estresaron porque la intimidación prosiguió durante lo que pareció una eternidad. Todavía se me revuelve un poco el estómago cuando recuerdo cómo me afectaron esos dos primeros agresores. El tercer incidente terminó más rápido, pero el hecho de que sucedió frente a mi esposa fue vergonzoso.

Viendo en retrospectiva esos incidentes, mi respuesta al *bullying* fue diferente en cada caso.

La primera vez, permití que el agresor me incitara a pelear.

La segunda vez, ignoré las burlas durante un tiempo, pero al final confronté verbalmente al agresor.

Mi consejo es siempre evitar
una pelea si puedes hacerlo.

La tercera vez, simplemente ignoré al agresor hasta que se fue.

Honestamente, en realidad no tenía preparada una estrategia en ninguno de esos casos. Actué y por fortuna funcionó. Cada situación de *bullying* que enfrentamos de alguna manera es única y, como dije antes en este libro, no hay una sola forma perfecta de enfrentar a los agresores cara a cara. Mi consejo es siempre evitar una pelea si puedes hacerlo.

En la única pelea que tuve con un *bully*, me salvé de lesiones graves de pura casualidad. Me estremezco al pensar qué habría pasado si él hubiera sido más violento o si hubiera tenido un arma. Aunque éramos muy chicos, las peleas pueden subir de tono y generar violencia mortal a cualquier edad. Sé de muchos jóvenes que han muerto en peleas y algunos murieron por un solo puñetazo. Así que por favor haz tu mejor esfuerzo por mantenerte alejado de las peleas con los *bullies*.

Si tienes que protegerte, hay maneras de hacerlo. Hasta el momento, he intentado darte cimientos sólidos para lidiar mental, emocional y espiritualmente con el *bullying*. Ahora quiero entrar en los detalles de qué hacer ante una confrontación. Puede llegar un momento en que tengas que enfrentar el intento de un *bully* de ocasionarte daño físico o emocional. De modo que es mejor que estés preparado.

Para protegerte, te recomiendo que crees una estrategia de defensa contra el *bullying* que te ayude a permanecer calmado y a manejar la situación lo mejor posible. Antes de que veamos cómo crear tu estrategia personalizada para lidiar con *bullies*, por favor revisa y lee las siguientes afirmaciones del "Sistema de defensa contra el *bullying*", que resumen lo que hemos abordado hasta el momento.

Sistema de defensa contra el *bullying*

- Los *bullies* no me pueden definir porque yo me he definido a mí mismo. Sé quién soy y a dónde voy.
- No le doy a nadie más el poder de hacerme sentir mal. Asumo la responsabilidad de mi propia felicidad.
- Mis valores son inquebrantables. Tengo un plan de vida guiado por ellos.
- Mi fuerza proviene del interior y ningún *bully* me puede hacer sentir inseguro.
- Sé que mi familia y mis amigos siempre me van a respaldar, al igual que yo a ellos.
- Estoy consciente de mis emociones, en especial del enojo y del miedo, y controlo mi manera de responder a ellas, así es que me mantengo positivo en mis ideas y acciones.
- Mi vida espiritual es fuerte y me llena de poder. Sé que fui creado por una razón y que soy amado de manera incondicional. En lo que soy débil, mi Creador es fuerte.
- Encuentro algo positivo en cada circunstancia difícil, incluyendo ser víctima del *bullying*.
- Me dispongo a ayudar a los demás en todo momento, en especial a quienes de alguna manera son víctimas del *bullying*.

Las Bases de la Defensa contra el *Bullying*

Deberías sentirte confiado, seguro, fuerte, apoyado y equilibrado al leer las afirmaciones del "Sistema de defensa contra el *bullying*". Cuando las creas de verdad, realmente estarás bien equipado para lidiar con los agresores. Ahora, veamos cómo puedes responder a ellos de la forma más sabia y segura posible.

La manera como respondes a una confrontación con un agresor depende de muchos factores, incluyendo qué tan cómodo te sientes con respuestas físicas y verbales, si has tenido entrenamiento en autodefensa, si están presentes amigos tuyos o del agresor, si puedes conseguir ayuda o ponerte a salvo rápidamente y algunas variables más.

Por ejemplo, si un *bully* amenaza con darte una paliza en un callejón solitario, tu respuesta tendría que ser muy distinta a si te amenaza en un pasillo de la escuela, donde tendrías cerca maestros, personal administrativo y otros aliados potenciales.

De cualquier manera, hay algunas reglas básicas que aplican en cualquier confrontación de *bullying*, así es que vamos a verlas primero. Son reglas que puedes seguir y pasos que puedes dar para prepararte si piensas que está por llegar una confrontación, de modo que puedas actuar de una manera prudente y segura.

Estrategias de Defensa contra *Bullies*

1. Evalúa la situación

Antes de que cualquier cosa suceda, piensa si el agresor es una amenaza física o si nada más está tratando de asustarte o herirte. Es mejor no sobreactuar, pero es todavía mejor sobreactuar que no ser lo suficientemente cuidadoso. Si sabes que este *bully* es capaz de ocasionarte un daño físico grave, deberías hablar con un adulto, ya sean tus padres, algún pariente, un maestro, un entrenador, un ministro religioso o un policía. Si estás seguro de que el agresor sólo quiere avergonzarte o atormentarte, de cualquier manera sería buena idea que le contaras a un adulto que estás teniendo ese problema, pero también deberías prepararte para ir con la cabeza en alto y dejar que las palabras se te resbalen. Recuerda, tienes una zona de seguridad a donde puedes ir mental y emocionalmente para estar fuera del alcance de palabras hirientes.

2. Llama a tus refuerzos

Si crees que un agresor planea confrontarte en la escuela, en la calle, en un juego o en algún otro evento, cuéntales a tus padres y por lo menos a otro adulto más que esté en posición de ayudarte. También deberías decírselo a tus amigos. No hay gloria en ir solo. Si es posible que siempre estés acompañado por lo menos de una persona, hazlo. Quienes se preocupan por ti quieren estar ahí para apoyarte. Incluso si no pueden estar ahí cuando el agresor te confronte, es importante que sepan que te sientes amenazado y que les digas quién es tu agresor.

3. Mantente calmado

Es más fácil decirlo que hacerlo, ya lo sé. Si piensas que se acerca una confrontación, para aumentar tu seguridad, lee un par de veces al día las afirmaciones de tu "Sistema de defensa contra el *bullying*". Tómate un tiempo para pensar en las distintas posibilidades de lo que podría suceder para que estés preparado mental y emocionalmente: de la misma manera en que un atleta se prepara para un juego o un partido. Una vez más, haz tu mejor esfuerzo por mantener cerca a tus amigos y a quienes te apoyan.

Si el *bully* te confronta, una de las mejores maneras de mantenerte calmado es controlar tu respiración, inhalando profundamente y liberando el aire con lentitud. Si has escuchado las burlas de ese agresor con anterioridad, intenta quitarles el aguijón al imaginar que sus palabras rebotan en tu cuerpo. Después de todo, son sólo palabras. Palos y piedras, ¿verdad? Sólo tienen el poder de lastimarte si permites que eso suceda. Tienes el poder de ignorarlas simple y sencillamente.

Tu mejor opción podría ser no hacer nada en lo absoluto. Ignora las palabras del agresor. Deberías ver a los ojos a tu antagonista, pero no enfrascarte en un concurso de quién sostiene más tiempo la mirada. En cambio, toma nota del agresor y simplemente sigue caminando. La mayoría de los *bullies* disfrutan al obtener una reacción que les brinda atención y alimenta su ego. Si te niegas a jugar ese juego, tal vez el agresor decida que no vale la pena molestarte.

4. Recurre a tu fe y a la fuerza de Dios

Siempre es bueno que alguien conocido como el Señor todopoderoso te esté cuidando las espaldas. Eres un hijo de Dios y él te guiará a través de tus batallas. Aprovecha su amor.

Siempre es bueno que alguien conocido como el Señor todopoderoso te esté cuidando las espaldas.

5. Lleva la cabeza en alto

Los *bullies* son menos propensos a molestar a alguien que parece seguro de sí mismo, así es que, incluso si no te sientes así por dentro, haz tu mejor esfuerzo por proyectar esa imagen en el exterior sin parecer arrogante ni agresivo. Puedes hacerlo al mirar a los ojos al agresor, al mantener los hombros equilibrados y el pecho hacia atrás. Cuando un *bully* te moleste, si puedes, no demuestres ninguna emoción. Muchos agresores se rendirán si no pueden provocar una fuerte reacción ante su maldad.

6. Conoce tus campos de batalla

Entrénate para ver a tu alrededor y evaluar la escena en la que te está confrontando un agresor. Revisa si hay amigos suyos por ahí y si hay algo que puedas usar para defenderte, en caso de que no tengas otra alternativa. Durante tu encuentro con el agresor, mantente alerta y consciente de los cambios en su estado de ánimo, tono de voz y lenguaje corporal. Si el *bully* se pone cada vez más agresivo y se mueve hacia ti, debes estar listo para irte caminando o corriendo, para pedir ayuda o para defenderte.

Haz un mapa mental de las rutas de escape. Mira a tu alrededor para ver si hay alguien por ahí que podría ayudarte. No tengas miedo de pedir ayuda a extraños como último recurso. También puedes irte a parar junto a un adulto para que el agresor desista de atacarte. Si tienes teléfono celular, asegúrate de programar un código de marcado rápido con un número de emergencia de amigos, familiares o de las autoridades.

7. Respeta al agresor

Suena loco, ¿verdad? Algunas personas se convierten en *bullies* para ocultar sus inseguridades y su baja autoestima, así es que insultarlas o humillarlas quizá sólo empeore una situación ya de por sí mala. Por difícil que pueda ser, intenta tratar al agresor con respeto, incluso si él no te muestra ninguno. Puede que el ánimo del *bully* esté fuera de control, pero no querrás añadir combustible a las llamas.

8. Mantente fuera del alcance

En Proverbios 4:14–16, la Biblia ofrece algunos sabios consejos sobre cómo evitar a los agresores: "No entres en la senda de los malvados ni avances por el camino de los malos. Evítalo, no pases por allí, desvíate de él, y pasa de largo. Porque ellos no duermen, si no hacen el mal; pierden el sueño, si no hacen caer a alguien".

¿A que es difícil mejorar ese fragmento de sabiduría antigua? Puede parecer obvio, pero deberías intentar no ir a ninguna parte en donde tu agresor te pueda confrontar a solas. Si hay un área de juegos o un centro comercial o algún otro lugar que frecuente tu agresor, mantente alejado. Si tu agresor te está confrontando en la escuela o en algún otro lugar en donde tengas que estar, por favor intenta mantener la mayor distancia posible entre tú y él, en especial si no hay nadie por ahí que pueda ayudarte.

Los expertos en autodefensa aconsejan mantenerse por lo menos a dos o tres pasos fuera del alcance. ¡Te aconsejo que te mantengas a una o dos millas de distancia! No querrás facilitarle al agresor el que pueda agarrarte o molestarte verbalmente. Si el *bully* intenta reducir la distancia, tienes la alternativa de retroceder con paso ágil –no corras si puedes evitarlo– o puedes pedirle respetuosamente que no se acerque. Si huyes caminando o corriendo, asegúrate de revisar que el agresor no te esté persiguiendo.

9. No permitas que el agresor te encuentre solo o te aparte de los demás

Si el *bully* intenta empujarte o arrastrarte lejos de las demás personas o meterte en un vehículo, haz tu mejor esfuerzo por hacer el mayor ruido posible mientras te resistes físicamente. Dile que se detenga. Si no lo hace, entonces grita "¡SUÉLTAME!" lo más fuerte que puedas e intenta atraer la atención de las personas que están a tu alrededor.

Puede que sea momento de contraatacar si el agresor te sigue agarrando. También podrías tirarte al suelo, agarrarte de un poste o de una cerca y gritar pidiendo ayuda si sientes que corres el peligro de que el agresor te arrastre lejos. Patear, morder, rasguñar y escupir son acciones de autodefensa que puedes usar como último recurso si sientes que te están atacando y estás en grave peligro. Si tienes *spray* de pimienta o algún otro repelente de autodefensa similar y sabes cómo usarlo, éste es el momento.

Tus Estrategias Personales

Desearía que hubiera un plan perfecto para lidiar con todos los agresores. Tal vez un día tengamos un sable de luz contra *bullies*. Hasta entonces, sólo tú y tus padres o algún otro consejero de confianza te pueden ayudar a descubrir con qué te sientes cómodo y cuáles son las mejores respuestas para tu situación en particular. Algunos *bullies* son muy agresivos y aumentarán la fuerza del ataque si los desafías o intentas razonar con ellos. Otros pueden echarse para atrás, dejarte en paz o tomarte por sorpresa en otro momento. Tienes que leerlos con cuidado y, además, está el hecho de que algunos simplemente son impredecibles.

En realidad, lo único que puedes hacer es intentar planear cada escenario posible de tal manera que estés preparado para lo que venga. Sé que ya he dicho esto antes (probablemente varias veces), pero por favor asegúrate de decirle a un adulto de confianza que hay un *bully* que está encima de ti. Dile quién es el agresor, de qué tipo es el *bullying* y dónde sucede. Si algo pasa, querrás que alguien pueda ayudar a tu familia a encontrarte. Repito, espera lo mejor, pero prepárate para lo peor.

Identifica por lo menos a cinco adultos que te podrían ayudar a lidiar con tu problema de *bullying*.

Para ayudarte a descubrir cómo responder mejor ante tu agresor, he preparado algunas preguntas en las que puedes pensar y responder en un diario o en una hoja de papel. Si piensas tus respuestas en este momento, estarás más calmado y más seguro si se presenta una confrontación. Y, lo mejor de todo, tendrás un plan para salir disparado de ahí.

Éstas son algunas de las cosas que debes considerar para tu estrategia "vencer al *bully*":

- ¿Te sientes más seguro si simplemente ignoras las bromas del agresor o quieres hacerle frente y responder?
- ¿Crees que puedes convencer a tu agresor de que te deje en paz a través de la persuasión o el humor?
- ¿Es probable que tu *bully* se ponga violento?
- ¿Tu agresor tiende a atacarte cuando estás solo o con un grupo de amigos?
- ¿Conoces a alguien, adulto o adolescente, que pudiera persuadirlo para que te deje en paz?
- ¿Qué tal si tus padres, un profesor o algún conocido mutuo se pusiera en contacto con los padres de tu agresor y les pidiera ayuda? ¿Es una opción posible?
- Identifica por lo menos a cinco adultos que te podrían ayudar a lidiar con tu problema de *bullying*. Establece momentos para hablar con cada uno, pedirles su consejo y escuchar sus sugerencias.

Tus Opciones de Respuesta

Otra cosa importante en la que debes pensar antes de que tu archienemigo llegue a acosarte es lo que deberías y lo que no deberías decir como respuesta a bromas o comentarios crueles. Repito, en gran medida se trata de una cuestión de preferencia personal basada en tu nivel de comodidad. Si eres ingenioso y rápido para responder, tal vez te sientas cómodo diciendo algo ingenioso y haciendo bromas o incluso atacando al *bully* con tus propias bromas y comentarios sobre él.

Si ésa es la táctica que quieres usar, espero que puedas correr tan rápido como el viento… o por lo menos más rápido que el *bully*. (Yo tengo una silla de ruedas veloz; te la presto si quieres. ¡Pero no se vale ir de caballito!)

Antes de planear tu respuesta, podría resultarte útil identificar con qué tipo de agresor estás lidiando. A continuación tienes algunas opciones de tipos específicos de agresores.

El Agresor Involuntario o No Hostil

Una de las cosas curiosas que acompaña al kit de apariencia "Nick Vujicic" es que ciertas personas me dicen cosas hirientes porque no saben de qué otra manera reaccionar ante mi falta de brazos y piernas. No quieren ser hirientes; sólo dicen lo primero que les viene a la mente, hacen un chiste tonto o dicen algo que consideran una pequeña broma, pero que en realidad es más hiriente que eso.

¿Te acuerdas de cuando eras pequeño y "te gustaba" alguien de tu salón, así que molestabas a esa persona, le aventabas una pelota o la derribabas en el patio? Bueno, eso es más o menos lo que me sucede *todo* el tiempo. Cuando era más joven, a veces realmente me sacaba de quicio que la gente pudiera ser tan insensible, pero, a medida que fui creciendo, he llegado a entender que algunas personas sólo son imprudentes o carecen de las habilidades sociales básicas en lo que respecta a relacionarse con alguien que tiene una discapacidad. También es cierto que yo seguido hago bromas sobre "vivir sin brazos pero no sin maña" y muchos otros chistes a mi costa, así es que a veces la gente intenta crear sus propias versiones. No quieren ser malas, pero así resulta.

Lo mismo puede ser verdad de ciertos agresores. Algunos no son personas maliciosas empeñadas en arruinarte la vida, aunque parezca que eso están haciendo. En algunos casos, los compañeros de la escuela o los conocidos pueden creer que están siendo graciosos o que te están haciendo "una pequeña broma", pero resulta más hiriente de lo que creen.

Algo todavía más raro es que, a veces, una persona que quiere conocerte mejor te molesta o te hace comentarios groseros sólo para llamar tu atención. Si piensas que eso es lo que podría estar pasando en el caso de tu agresor, entonces, intenta hacerle saber que está hiriendo tus sentimientos. Pedirle al *bully* que deje de hacer comentarios groseros me funcionó una o dos veces, pero debes estar consciente de que los *bullies* que tienen corazón o conciencia son muy poco comunes. Si tu agresor realmente es malo como una víbora, su respuesta podría ser: "¿Crees que me *importan* tus sentimientos, *idiota*?".

Con suerte tu agresor no es un sociópata. A continuación, te sugiero algunas frases que pueden ser un éxito si tu antagonista no tiene corazón de piedra:

- "No creo que te des cuenta de lo mucho que me lastiman tus comentarios. Te agradecería que dejes de molestarme".
- "¿Sabes? He oído que en realidad no eres mala persona y yo tampoco. ¿Podríamos tratar de llevarnos bien? No estoy disfrutando esto".
- "Tal vez pienses que sólo estás bromeando, pero yo siento que es *bullying*, así que, ¿podrías dejar de hacerlo? La estoy pasando mal con esto".
- "Si hice algo que te ofendió o te lastimó, ¿podríamos hablar al respecto? De verdad no quiero que haya ningún sentimiento negativo entre nosotros".
- "Estaba hablando con unos amigos sobre la forma como me tratas y no pueden entender por qué decidiste elegirme a mí para eso. ¿Podemos hablar sobre esto y encontrar una forma de superarlo?".

- "Sé que crees que lo que dices es gracioso, lo entiendo, pero soy un poco sensible respecto a ese tema en particular, así que te pido que por favor dejes de decirme eso".

El Agresor Hostil

Si el ejemplo a seguir de tu agresor es el asesino en serie del programa de televisión *Dexter* o el homicida de todas esas películas de *Halloween*, probablemente no tengas mucha suerte en tocar la conciencia de esa persona. De hecho, querrás decir algo que te permita irte lo más rápido posible. Si este agresor hostil te persigue, aquí tienes algunas frases pasivas básicas que no buscan ninguna confrontación y que puedes usar mientras haces una veloz retirada:

- "Muy bien, entiendo. Tengo cita con mi profesor. Nos vemos luego".
- "Mi papá me está esperando, así es que me tengo que ir. Hasta luego".
- "Lamento que te sientas de esa manera. Ojalá no fuera así. Ahora, tengo una cita con el asistente del director. Adiós".
- "Te ves alterado y yo no estoy ayudando, así es que voy a ver a unos amigos que me esperan en la otra calle. Tal vez podamos hablar después".

Puede resultar útil que el agresor piense que tus amigos te están esperando y que irían a buscarte si te ocasiona problemas, así que, si enfrentas una amenaza grave, es recomendable que menciones algo así.

El Agresor Social

Si la persona que te está molestando es una de esas chicas crueles o esos chicos malintencionados cuya forma preferida de tortura es tratar de excluirte o convencer a los demás de que te hagan a un lado al esparcir rumores o mentiras sobre ti, probablemente hay menos riesgo de que el agresor se ponga violento. Sin embargo, puedes esperar que tu agresor se resista si intentas unirte a su círculo social. El agresor social puede haber convencido a otras personas para que también te hagan a un lado. Es triste, pero la mentalidad de borrego puede ser difícil de vencer.

Mi sugerencia es no golpearte la cabeza contra la pared. Más bien, te recomendaría que intentes conocer de manera individual a los miembros del grupo y que te ganes su aceptación uno por uno... o, mejor aún, podrías buscar amigos en otra parte. Quizá el "grupo de moda" o los "chicos populares" no resulten tan agradables cuando llegues a conocerlos. Puede que descubras que en realidad no es muy divertido estar con ellos como individuos o como grupo.

De adolescente, cometí el error de tratar de encajar en un grupo. Aunque más o menos me aceptaron, había algo incómodo al respecto. Bueno, ¡eso incómodo era yo! Me sentía incómodo porque no estaba siendo yo mismo. No cometas ese error. No renuncies a ser quien eres solo para encajar. Mejor, busca amigos que te acepten como eres.

Es mucho más divertido pasar tiempo con personas que te aceptan.

Por lo general, lo mejor es hacer amigos de manera natural, siendo tú mismo y dejando que las personas descubran lo maravilloso que eres. Busca a quienes compartan tus intereses y tengan personalidades compatibles. Es mucho más divertido pasar tiempo con personas que te aceptan que siempre estar tratando de encajar con gente que constantemente te está juzgando.

Nunca olvidaré a una adolescente que se puso de pie en una de mis primeras pláticas y preguntó si podía ir a abrazarme. Luego, mientras me abrazaba, me dijo al oído: "Gracias. Nunca nadie me había dicho que soy hermosa". ¡Casi me desplomo de la tristeza!

Todos tenemos inseguridades. Todos queremos ser aceptados. Si has tenido dificultades, ten en mente que las cosas van a mejorar. Los años de la adolescencia son los más difíciles.

Te lo prometo. Encontrarás un mundo mucho más amable que el que conociste en la escuela. De hecho, con los años, tal vez descubras que los grupitos que había en la escuela se separaron y, luego, de adulto, te vuelvas el mejor amigo de alguien que fue tu compañero en la escuela.

La razón por la que tantas personas luchan con la soledad y sienten que no encajan durante la adolescencia (esto puede sonar un poco raro) es porque muchas personas están luchando y sienten que no encajan durante sus años de adolescencia.

La inseguridad corre sin control entre los adolescentes. Cuando todas las personas a tu alrededor están tratando de descubrir quiénes son y están luchando por lograr ser aceptadas, se genera ese loco ambiente en el que casi todo el mundo está luchando por sobrevivir socialmente. Como resultado, hay muy pocas personas que tienen la seguridad de decir: "Quiero a todos y todos me pueden querer. Y, si no me quieres, ¡pues tú te lo pierdes!".

¿No desearías poder sentirte así? Bueno, ¡es posible! Y tal vez te sorprenda lo que sucede cuando te aceptas a ti mismo y dejas que los demás descubran lo maravilloso que eres. Uno de mis amigos tiene una hija adolescente, Jeannie, quien tuvo muchas dificultades después de mudarse a una nueva ciudad y a una nueva escuela. Había crecido en una ciudad más pequeña, donde tenía muchos amigos. No conocía a nadie en su nueva escuela, que era mucho más grande.

Su papá me dijo que le rompió el corazón cuando Jeannie llegó a casa después del primer día en su nueva escuela y le dijo que había comido sola el almuerzo y que había llorado porque se sentía muy sola. Había un grupo de chicas que parecían ser muy divertidas, pero, cada vez que alguna de ellas invitaba a Jeannie a una fiesta de cumpleaños o a un baile, una chica llamada Laurie decía que Jeannie no le caía bien. Laurie estaba ejerciendo el *bullying*. Era bonita, pero veía a Jeannie como competencia porque los chicos estaban empezando a fijarse en ella. Tampoco le gustó el hecho de que Jeannie cantaba muy bien y el director del coro la había elogiado a ella en vez de a Laurie.

Al principio, Jeannie se sintió lastimada. Lloraba mucho por cómo Laurie y su grupo la hacían a un lado. Sin embargo, luego hizo algo muy valiente. Decidió que sus padres tenían razón cuando decían que simplemente debía dejar que los demás se dieran cuenta de lo genial y divertida que era en realidad. Así que Jeannie dejó de intentar encajar en el grupo de Laurie y se comportó como era normalmente: amigable y divertida. Se relajó.

"Deja que la gente se acerque a ti", decía su mamá.

Eso fue lo que hizo Jeannie y funcionó. Poco después, tenía su propio círculo de amigos, formado por chicos y chicas. ¿Y sabes qué sucedió? Jeannie y Laurie terminaron asistiendo a la misma universidad. Se unieron a la misma hermandad, donde Jeannie se convirtió en líder. Un día, Laurie le dijo que esperaba que llegaran a ser amigas e incluso que pudieran compartir un departamento después de graduarse.

En ese momento, Jeannie hubiera podido convertirse en una *bully*. En cambio, le dijo a su exagresora: "¡Sería increíble!". Y lo decía de corazón. ¡Jeannie ganó! Lo hizo al confiar en sí misma, mantenerse fiel a sus valores y enfocarse en ser una buena persona. Su confianza en sí misma y su encanto natural hicieron maravillas y atrajeron a la gente hacia ella. Incluso ganó el afecto de Laurie, quien al final se dio cuenta de que había estado equivocada al excluir a Jeannie de su círculo social.

El Agresor Cibernético

Una de las historias más tristes y más enfermas que he escuchado en mucho tiempo es la noticia de que una chica de Washington, D.C., se suicidó porque la habían estado molestando por Internet. La peor parte es que, incluso el día de su funeral, hubo comentarios crueles sobre ella en Facebook. ¿Qué tan desalmado puede ser un *bully*?

Lo verdaderamente trágico es que hay muchas historias similares. Si no me crees, busca en Google suicidios adolescentes ocasionados por el *bullying* en Internet. Es escalofriante ver lo que sale y para todo el mundo debería ser una advertencia que el *bullying* cibernético es tan malo o peor que otras formas de acoso.

Los agresores cibernéticos envían correos electrónicos, mensajes de texto y *tweets* amenazantes. También ponen sus bromas en Internet y esparcen rumores sobre las personas en las redes sociales. Algunos incluso ponen fotografías poco halagadoras de sus víctimas o fingen tener otra identidad en la red para poder manipular a sus víctimas, chantajearlas o avergonzarlas.

Muchos agresores cibernéticos hacen su trabajo sucio de manera anónima. Si te sientes amenazado y temes que alguien te está acosando por Internet o de alguna manera está intentando lastimarte emocional o físicamente al decir cosas en las redes sociales, por mensajes o *tweets*, lo primero que deberías hacer es guardar todos los correos y todas las cosas que tu agresor ponga en Internet. Es la prueba de que alguien te está acosando.

Muestra todos los materiales a tus padres y a algún otro adulto de confianza para que te puedan ayudar a decidir qué hacer con respecto a esa persona. Lo bueno es que los agresores cibernéticos dejan huellas que se pueden conservar y presentar ante las autoridades para que puedan ser rastreados y, con mucha frecuencia, arrestados o por lo menos neutralizados.

Los agresores por Internet tienen muchos métodos y sus tácticas y herramientas evolucionan constantemente con las nuevas tecnologías, las redes sociales y los sitios web. Los agresores cibernéticos pueden usar sitios web, chats, mensajes, blogs o páginas de redes sociales para hacerse pasar por ti, esparcir rumores sobre ti, chantajearte o acosarte. Pueden poner en Internet fotos o videos vergonzosos en los que aparezcas e incluso pueden crearlos para ridiculizarte.

Una forma de convertirte en un gran blanco del *bullying* cibernético es que te cachen enviando mensajes sexuales, lo cual, en muchísimos sentidos, es mala idea. Los mensajes sexuales consisten en enviar a otra persona mensajes de texto o fotos sexualmente explícitos. Por qué la gente lo hace, me rebasa. Es una receta para el desastre y deshonra el cuerpo que Dios te dio. En la Primera Carta a los corinitios 6:19-20, nos dicen que el cuerpo es templo "del Espíritu Santo, quien está en ustedes y al que han recibido de parte de Dios" y también nos dicen: "honren con su cuerpo a Dios".

Me han comentado que, en muchos casos, las chicas que se sienten presionadas para tener relaciones sexuales con sus novios les envían mensajes sexuales, esperando que sea suficiente. Mi respuesta a eso es preguntar por qué querrías estar con alguien a quien sólo le importa tu apariencia física o acostarse contigo. Deberías tener la seguridad suficiente para encontrar a alguien que te ame por lo que tienes en el corazón, no simplemente por cómo te ves o por mero placer sexual. Una relación es mucho más que eso, por esa razón estoy en favor de la abstinencia hasta que te cases con alguien a quien realmente amas y en quien confías.

Por favor piensa en las consecuencias a largo plazo de tus acciones antes de enviar mensajes sexuales. He escuchado sobre adolescentes que han enviado fotos de su cuerpo, pensando que estaban enviando la foto o el mensaje a su novio o novia, sólo para descubrir que sus agresores o enemigos se apoderaron de sus mensajes sexuales y los subieron a Facebook, MySpace y otras redes sociales.

Aquí no hay botón de "deshacer". Cuando una imagen llega al Internet, se queda ahí para siempre... y cualquiera la puede ver. ¡Si alguna vez tienes la tentación de enviar mensajes sexuales, piensa si te gustaría que tus padres, abuelos, hermanos, ministros o profesores (o algún día tus hijos y nietos) vieran esas fotos o esos mensajes! ¿Qué les dirías a tus hijos si supieran que enviabas mensajes sexuales de adolescente? ¿Qué tan vergonzoso sería?

Cuando una imagen llega al Internet,
se queda ahí para siempre...
y cualquiera la puede ver.

Las consecuencias de los mensajes sexuales pueden ser graves y duraderas. Hay adolescentes que han perdido su trabajo y también su puesto en organizaciones y sociedades de honor. También han afectado sus posibilidades de ser aceptados en la universidad. Algunos han dañado gravemente su reputación al enviar mensajes sexuales.

Además está el hecho de que en muchos lugares la ley considera que los mensajes sexuales son una forma de pornografía infantil, así que cualquiera que los envíe o los reciba podría ser acusado de participar en esa práctica ilegal.

Protégete en Internet

Si tienes la más ligera sospecha de que de alguna manera alguien está tratando de afectarte a ti o a tu reputación en Internet y a través de las redes sociales, si puedes, guarda la evidencia y, luego, rompe la conexión de inmediato. Con ello, me refiero a no responder a los correos, textos, *tweets*, blogs, chats, comentarios en Facebook u otra forma de comunicación empleada por esa persona. Pero, repito, si es posible, intenta guardarlos.

Es un tema muy serio en todo el mundo. Cada semana escucho historias de jóvenes que se suicidan o se vuelcan a las drogas y al alcohol a causa del *bullying* cibernético. Hay muchos sitios web dirigidos por voluntarios que te ayudarán a rastrear y detener al agresor. Uno de los que llevan más tiempo es www.wiredsafety.org. Estos sitios ofrecen información sobre cómo descubrir la identidad de agresores anónimos por Internet para que puedas darles su nombre a tus padres, a los funcionarios de la escuela o a la policía.

No des ninguna información personal ni te enganches con el agresor cibernético de ninguna manera. Lo más importante, nunca aceptes encontrarte en persona (en especial a solas) con alguien que conociste por Internet. A la primera señal de que alguien te está molestando o acosando o está tratando de intimidarte, hostigarte o conseguir información sobre ti vía Internet, guarda sus correos, mensajes y *tweets* como evidencia y, luego, por favor alerta a tus padres, tutores, maestros o a las autoridades.

Muchos estados ya tienen leyes contra el *bullying* y algunas están especialmente pensadas para el *bullying* cibernético o electrónico. Puedes bloquear los mensajes y correos del agresor y evitar que ponga comentarios en tu página de Facebook. Puede que tengas que crear nuevas cuentas con un nombre diferente para evitar futuros intentos. No dejes que los agresores cibernéticos ni ningún otro agresor te quiten la tranquilidad y la autoestima. ¡Sé fuerte! Si descubres que estás obsesionado por cosas que te dijeron o enviaron por Internet, habla con tus padres, amigos, profesores, consejeros o líderes religiosos de confianza.

Muchos agresores cibernéticos no saben que el *bullying* cibernético va contra la ley, así es que, si te sientes acosado o amenazado, tú o tus padres pueden ir a la policía a reportarlo. El Cyberbullying Research Center (Centro de Investigación contra el *Bullying* Cibernético) es un excelente recurso para lidiar con este tipo de acoso. Lo dirigen profesores universitarios expertos en el tema: el Dr. Sameer Hinduja, de la Universidad Florida Atlantic, y el Dr. Justin Patchin, de la Universidad de Wisconsin-Eau Claire. Cuentan con un sitio web muy útil, cyberbullying.us, que ofrece los siguientes lineamientos:

Evita el *bullying* cibernético: Diez consejos clave para adolescentes

1. Infórmate

Para impedir que el *bullying* cibernético ocurra debes entender exactamente qué es. Investiga en qué consiste el *bullying* cibernético, al igual que cómo y cuándo es más probable que suceda. Habla con tus amigos sobre lo que están viendo y viviendo.

2. Protege tu contraseña

Protege tu contraseña y demás información privada de miradas metiches. Nunca dejes contraseñas ni otros datos de identificación donde los demás puedan verlos. Además, nunca le des a nadie esta información, ni siquiera a tu mejor amigo. Si alguien más la conoce, ¡tómate el tiempo de cambiarla en este mismo momento!

3. No tengas fotos explícitas

Antes de postear o enviar esa foto sexy que te tomaste, piensa si es algo que te gustaría que vieran tus padres, tus abuelos y el resto del mundo. Los agresores pueden usar esta imagen como munición para hacerte la vida miserable.

4. Nunca abras mensajes de alguien que no conoces o de algo que no pediste

Nunca abras mensajes (correos electrónicos, mensajes de texto, mensajes de Facebook, etc.) de personas que no conozcas o que sepas que son agresores. Bórralos sin leerlos. Podrían tener un virus que infecte tu aparato automáticamente si los abres. Además, nunca hagas clic en enlaces que te hayan enviado personas que no conoces. También podrían contener un virus diseñado para recabar toda tu información personal.

5. Desconéctate de cuentas en línea

No guardes contraseñas en formatos de sitios de Internet ni en el buscador de tu computadora por comodidad y no te mantengas conectado cuando te alejes de tu computadora o teléfono celular. No le des a nadie la menor posibilidad de navegar con tu identidad desde tu aparato. Si olvidas cerrar tu sesión en Facebook al usar la computadora de la biblioteca, la próxima persona que use esa computadora podría entrar en tu cuenta y ocasionarte serios problemas.

6. Haz una pausa antes de poner un comentario

No comentes nada que pueda poner en riesgo tu reputación. Las personas te juzgarán según lo que pareces ser en Internet. También te darán o te negarán oportunidades (empleos, becas, pasantías) con base en eso.

7. Genera conciencia

Comienza un movimiento, crea un club, haz una campaña u organiza un evento que genere conciencia sobre el *bullying* cibernético. Aunque tal vez tú entiendas de qué se trata, hasta que los demás no estén conscientes, no podremos realmente impedir que ocurra.

8. Pon controles de privacidad

Restringe el acceso a tu perfil en línea sólo a tus amigos de confianza. La mayor parte de los sitios de Internet como Facebook y Google+ te ofrecen la posibilidad de compartir cierta información únicamente con amigos, pero hay que configurarlo para asegurar máxima protección.

9. Búscate en Google

Pon tu nombre a menudo en los buscadores más importantes (por ejemplo, Google, Bing, Yahoo). Si aparece alguna fotografía o información personal que pueda ser usada por los agresores cibernéticos para acosarte, haz lo que sea necesario para que la quiten antes de que se convierta en un problema.

10. No seas tú también un agresor cibernético

Trata a los demás como te gustaría que te trataran. Si te portas como un patán con los demás en Internet, estás reforzando la idea de que ese comportamiento es aceptable.

Tu mejor defensa contra los agresores de todo tipo es saber y creer que eres una creación de Dios. Vales y eres amado. Ningún agresor te puede quitar eso. Dios te creó por una razón y tiene un plan para ti. Un *bully* intentará derribarte y hacerte sentir mal contigo mismo, pero puedes tomar la decisión de rechazar cualquier cosa que diga o haga. En cambio, recurre a los que te aman y a tu Creador en busca de fuerza e inspiración.

¡Y no te olvides de mí! ¡Yo siempre estoy aquí para apoyarte!

Notas de Nick para el capítulo diez

- Todo entrenador tiene un plan para el juego. Todo general tiene un plan para la batalla. Cualquier persona que sea víctima del *bullying* también debería tener un plan.
- Tomarte el tiempo necesario para prepararte a hacer frente a tu agresor y a la situación por la que estás pasando puede hacer una enorme diferencia. Si te preparas con anticipación, planeando tus respuestas y tus métodos de escape y alineando a tus refuerzos, tendrás mucha más confianza y menos miedo cuando aparezca tu agresor.
- Siempre deberías contarle por lo menos a un adulto de confianza si te sientes amenazado, atrapado, manipulado o aislado por un agresor. No tienes que manejarlo tú solo, de hecho, deberías pedir ayuda en cuanto te sientas amenazado o estresado. Incluso si el adulto no puede hacer nada al respecto, debería haber alguien que sepa que hay un problema en caso de que algo te llegue a pasar.

Once

Lucha para detener el *bullying*

Sé un buen samaritano
y ayuda a erradicar
la epidemia del *bullying*.

Cuando alguien le pregunto a Jesús "¿Quién es mi prójimo?", él contó una historia sobre un judío que estaba viajando de Jerusalén a Jericó que había sido asaltado, golpeado y abandonado para morir en el camino. Dos personas, un sacerdote y un levita, pasaron a su lado sin ofrecer ayuda alguna, pero, un tercer hombre, que era de Samaria, fue en su ayuda a pesar de que los samaritanos y los judíos eran enemigos en aquella época.

El samaritano curó las heridas del judío y lo llevó a una posada donde lo cuidaron. Antes de irse, le dio dinero al posadero y prometió regresar para ver cómo seguía el judío.

Después de contar la historia, Jesús pidió a quienes lo escuchaban que identificaran cuál de los tres hombres había actuado como verdadero prójimo con el hombre golpeado. Cuando alguien respondió que el samaritano porque fue el único que se compadeció de la víctima, Jesús dijo: "Anda entonces y haz tú lo mismo".

En este libro, te he dado un sistema de defensa contra el *bullying* porque te quiero y deseo hacer todo lo posible por protegerte de cualquier daño emocional o físico. Ahora, en este capítulo quiero animarte a "ir y hacer tú lo mismo".

Te animo a que desarrolles empatía por los demás, como la que demostró el buen samaritano. Por favor, haz todo lo posible por proteger a los demás de cualquier daño emocional o físico que puedan ocasionar los agresores.

Hoy te nomino como buen samaritano moderno. Tu misión es hacer todo lo que esté en tus manos para acabar con el *bullying* en todos y cada uno de los lugares. Sé que eres sólo uno. Yo también soy sólo uno ¡y soy una persona a la que le faltan cuatro extremidades! No obstante, he viajado por todo el mundo animando y convenciendo a los adolescentes para que hagan que ser un *bully* no se considere *cool* en lo absoluto. Tú puedes hacer lo mismo en tu escuela, tu familia, tu colonia, tu estado y tu país.

¡Hay que mantenernos unidos
para que nadie esté solo!

Los *bullies* intentan aislar y abusar de las personas, pero, si nos mantenemos unidos contra el *bullying*, eso no sucederá jamás. ¡Hay que mantenernos unidos para que nadie esté solo! ¿No sería maravilloso?

El *bullying* es un problema global y tiene un impacto negativo en nuestra calidad de vida. Los agresores les roban su alegría a los jóvenes. Los aterrorizan y convierten los patios de las escuelas en lugares ensombrecidos por el miedo y el terror. Yo casi me quito la vida a causa del *bullying*. Conozco a algunas personas que sí se quitaron la vida y a otras que se volcaron a las drogas, el alcohol y a lastimarse a sí mismas en su intento por aliviar el dolor.

Los expertos del *bullying* dicen que también genera un círculo vicioso de violencia. Muchos de los que fueron víctimas del *bullying* en el pasado, luego se convierten en agresores. Se sabe que las personas violentas que llevaron a cabo varias de las balaceras masivas más terribles en escuelas y en otros lugares alguna vez fueron víctimas del *bullying*. Podemos detener este círculo trabajando para identificar a los *bullies* de nuestro entorno y haciendo lo que sea necesario para cambiar su comportamiento y ayudándoles a encontrar un nuevo camino.

De adolescente, por un tiempo, odié mi vida a causa de los *bullies* de la escuela. Puedo entender la rabia que hay dentro de esas víctimas del *bullying* que luego, a su vez, se convierten en agresores. Pero también entiendo que hay una forma de aplacar esa rabia y encontrar una manera mucho mejor de vivir, iluminada por el amor de Dios.

Verás, descubrí que, aunque puedes lastimar y sentirte lastimado a causa de las palabras, también puedes sanar y salvar a través de ellas. La Biblia dice que somos "una creación admirable". Armados con esa verdad, podemos combatir el *bullying* afirmando ante todas y cada una de las personas que conocemos que todos somos hijos de Dios, amados por él y merecedores de lo mejor que pueda darnos.

Así que ahora que estás equipado con tu sistema de defensa contra el *bullying*, ¿cómo puedes unirte a nuestra campaña global contra el *bullying*? A continuación tienes algunas sugerencias, y siéntete en libertad de añadir las tuyas:

- Haz que tu misión consista en estar alerta ante cualquier tipo de *bullying* y en hacer todo lo posible (siempre y cuando sea seguro) por detenerlo.
- Si en tu escuela no hay un programa contra el *bullying*, consulta en Internet cómo puedes iniciar uno. Hay muchos sitios de Internet dedicados a ese tema, entre los cuales está www.stopbullying.gov (sitio del gobierno de Estados Unidos). Luego, reúnete con los funcionarios de tu escuela y los representantes de los alumnos para poner en marcha un programa. La mayoría de los sitios web dan instrucciones sobre cómo hacer los trámites y cómo recaudar fondos para crear programas para combatir el *bullying*.

- Sugiere que tu escuela, iglesia, grupo religioso, club o comunidad patrocine la proyección del documental *Bully*, realizado en 2011; está muy bien hecho y es muy conmovedor. Puedes proponer la proyección durante el mes de octubre, como parte de las actividades del "mes de prevención nacional del *bullying*". El documental capta por completo el dolor de las víctimas del *bullying* y también es motivacional, porque ofrece maneras en las que todos podemos participar para detener el *bullying*.
- Pon en marcha un sistema para reportar el *bullying* vía Internet para que las personas que presencien o experimenten cualquier tipo de *bullying* puedan reportarlo de manera anónima y obtener la ayuda que necesitan para detenerlo.
- Habla con tus amigos y compañeros de escuela sobre el *bullying* y el impacto que ha tenido en ti, así como sobre los estragos que les ha ocasionado a otras personas en el mundo. Luego, pídeles que se unan a ti para erradicar el *bullying* y ser buenos samaritanos cada vez que haya oportunidad.
- Usa tu página de Facebook, tu cuenta de Twitter y otras redes sociales para difundir el mensaje de que el *bullying* no es *cool* y que cualquiera que sea víctima o testigo del *bullying* debería reportarlo y darle seguimiento para asegurarse de que se detenga.

Te prometo que no estarás solo en tus esfuerzos por detener el *bullying*. Miles de personas de todo el mundo se han comprometido a acabar con esta epidemia y estoy seguro de que Dios ya está trabajando en eso. Cada semana, hay más y más campañas contra el *bullying* en todo el mundo. Aplaudo a los gobiernos locales, estatales y nacionales que han puesto en vigor leyes contra el *bullying*. Pero no podemos confiar sólo en los funcionarios ni en las instancias gubernamentales. Ésta debería ser una causa adoptada por todos, porque el *bullying* nos afecta a todos.

En particular, las personas de fe necesitan dar un paso al frente y convertirse en defensores –los buenos samaritanos de la actualidad– de las víctimas. Jesús es el máximo ejemplo de alguien que hizo frente a los agresores y nos enseña cómo responder ante ellos. Cristo fue agraviado por agresores que estaban contra Él. Y, no obstante, nunca los agredió. Nunca se rebajó a su nivel. Con compasión, Jesús lidió con los agresores desde la base del amor y la redención.

Jesús decía: "Ustedes son la luz del mundo. Una ciudad en lo alto de una colina no puede esconderse. [...] Hagan brillar su luz delante de todos, para que ellos puedan ver las buenas obras de ustedes y alaben al Padre que está en el cielo". Por favor, únete a mí en este esfuerzo permanente por dar un paso al frente y detener el *bullying* en cualquier forma que asuma y en cualquier lugar del mundo en donde se presente. Acércate a víctimas y a víctimas potenciales y ayúdales a desarrollar su propio sistema de defensa contra el *bullying*.

Como padre, seré el defensor estrella de mi hijo. No quiero que sea el blanco de los comentarios imprudentes de un *bully*, pero no puedo aislarlo en una burbuja de protección. Algún día sentirá el dolor ocasionado por las flechas de crueldad de alguien. Y, para prepararlo, pasaré mucho tiempo aconsejándolo sobre cómo neutralizar los comentarios de cualquier compañero enojado.

Nuestra campaña contra el *bullying* puede comenzar dentro de nuestra propia familia al proteger a los que amamos, pero, si queremos ser buenos samaritanos, nuestra amorosa protección debe extenderse a todas las demás personas que enfrentan el *bullying*.

Juntos vamos a adoptar, apoyar y proteger a quienes son blanco de los *bullies*. Ayúdales a construir su propio sistema de defensa. Juntos secaremos las lágrimas de los que luchan en secreto. Juntos nos levantaremos para proteger los corazones heridos de niños, niñas, hombres y mujeres de todo el mundo, las mismas personas por quienes Cristo dio su vida. Y, finalmente, trabajemos juntos para que éste sea un mundo más seguro, más tranquilo, más amable y más amoroso para la próxima generación de adolescentes... ¡y también para nuestros hijos y sus hijos!

Muy bien, es momento de salir y derrocar el *bullying*. Para ayudarte a hacerlo, en la siguiente página, volví a poner las afirmaciones de tu "Sistema de defensa contra el *bullying*", para que las puedas encontrar fácilmente. Espero que las leas y las uses cuantas veces lo necesites. ¡Te quiero!

Notas de Nick para el capítulo once

- Sé un buen samaritano y acércate a cualquiera que esté siendo víctima del *bullying*.
- Pronúnciate en contra del *bullying* en tu colonia, tu escuela y tu comunidad para que nadie esté solo al lidiar con un agresor.
- Rompe el círculo del *bullying*. Si has sido víctima, no te des la media vuelta y agredas a alguien más.
- Aun cuando no hayas recibido el milagro que buscas, ¡sé un milagro para alguien más!

Sistema de defensa contra el *bullying*

- Los *bullies* no me pueden definir porque yo me he definido a mí mismo. Sé quién soy y a dónde voy.
- No le doy a nadie más el poder de hacerme sentir mal. Asumo la responsabilidad de mi propia felicidad.
- Mis valores son inquebrantables. Tengo un plan de vida guiado por ellos.
- Mi fuerza proviene del interior y ningún *bully* me puede hacer sentir inseguro.
- Sé que mi familia y mis amigos siempre me van a respaldar, al igual que yo a ellos.
- Estoy consciente de mis emociones, en especial del enojo y del miedo, y controlo mi manera de responder a ellas, así es que me mantengo positivo en mis ideas y acciones.
- Mi vida espiritual es fuerte y me llena de poder. Sé que fui creado por una razón y que soy amado de manera incondicional. En lo que soy débil, mi Creador es fuerte.
- Encuentro algo positivo en cada circunstancia difícil, incluyendo ser víctima del *bullying*.
- Me dispongo a ayudar a los demás en todo momento, en especial a quienes de alguna manera son víctimas del *bullying*.

Recursos

Nick Vujicic

Life Without Limbs: www.lifewithoutlimbs.org

Attitude Is Altitude: www.attitudeisaltitude.com

Página de Facebook de Nick: www.facebook.com/nickvujicic

Sitio del gobierno de Estados Unidos para combatir el bullying*:*

www.stopbullying.gov

Página web contra el bullying *de la Coalición de Padres por los Derechos Educativos (PACER, por sus siglas en inglés):*

www.pacerteensagainstbullying.org

Centro de Investigación contra el Bullying *Cibernético:*

cyberbullying.us

Para rastrear agresores cibernéticos:

www.wiredsafety.org

www.cyberangels.org

Agradecimientos

Como siempre, doy gracias a Dios: al Padre, al Hijo y al Espíritu Santo.

Mi esposa, Kanae, es mi mayor bendición, mi consuelo y mi escudo contra todas las dificultades de la vida. Gracias por amarme, por pasar tu vida conmigo y por bendecirnos con nuestro hijo. Mi esposa es un regalo que estuve preparado para recibir sólo porque mi mamá y mi papá me guiaron con mucha sabiduría durante mi niñez y mi vida adulta. Me ayudaron a convertirme en un hombre de Dios merecedor de una mujer así y me dieron las bases para tener la fortaleza de ser el marido y el padre que mi familia merece.

Mi querido amigo y colaborador en la redacción, Wes Smith, una vez más me ayudó a transmitir mi mensaje de esperanza al mundo en este libro, como ha hecho en todos los demás, y estoy muy agradecido por ello. Los demás miembros clave de mi equipo de publicación son Jan Miller y Nena Madonia de la agencia literaria Dupree Miller & Associates, quienes me apoyan mucho y se han convertido en buenas amigas mías. También agradezco profundamente a mi editorial, WaterBrook Multnomah, una división de Random House, y a su equipo profesional, en el cual se encuentran Gary Jansen, Steve Cobb y Bruce Nygren.

Por último, agradezco al personal, a los miembros de la junta directiva y al equipo de Life Without Limbs y Attitude Is Altitude y, en particular a ti, a mis lectores y a todos aquellos que me han escrito para compartir sus historias de inspiración, esperanza y fe, en especial a aquellos cuyas historias he usado en este libro. Nos encanta recibir sus comentarios, cartas y correos electrónicos. Su retroalimentación me inspira y sus historias me dan ánimo para continuar. Los quiero a todos. Dios los bendiga.

Sobre el autor

NICK VUJICIC es evangelizador, orador motivacional y director de Life Without Limbs, una organización dedicada a quienes padecen discapacidades físicas. A pesar de haber nacido con una discapacidad física severa (no tiene brazos ni piernas), Nick se ha convertido en una gran inspiración para personas de todo el mundo y con frecuencia habla frente a grandes multitudes sobre cómo superar los obstáculos y alcanzar nuestros sueños. Objeto frecuente de la atención de los medios, Nick ha sido entrevistado por el programa de televisión *20/20* de ABC, el periódico *Los Angeles Times*, TBN, *The 700 Club, Life Today, Joni and Friends,* Janet Parshall, Joel Osteen, *Family Talk* y muchos más. Durante mucho tiempo vivió en Australia, pero ahora vive en el Sur de California con su esposa, Kanae, y su hijo, Kiyoshi. Visita su página www.nickvujicic.com